Kimberley & Kristian Reschke

Stabil!

MIX
Papier | Fördert gute Waldnutzung
FSC® C018236
www.fsc.org

Bibliografische Information der Deutschen Nationalbibliothek:
Die Deutsche Nationalbibliothek verzeichnet diese Publikation in der Deutschen Nationalbibliografie; detaillierte bibliografische Daten sind im Internet über http://dnb.d-nb.de abrufbar.

Gesamtgestaltung: Grafikbüro Sonnhüter, www.grafikbuero-sonnhueter.de
unter Verwendung von Illustrationen von © kuroksta, Edge Creative, GreenSkyStudio, Maman Suryaman, Amanda Alamsyah, Design Ful (shutterstock.com)
Lektorat: Anja Lerz, Moers
Verwendete Schriften: Bourton, Brandon
Gesamtherstellung: Drukarnia Dimograf, Sp z o.o., Bielsko-Biała
Printed in Poland
ISBN 978-3-7615-7019-7 Print
ISBN 978-3-7615-7020-3 E-Book

www.neukirchener-verlage.de

KIMBERLEY & KRISTIAN RESCHKE

STABIL!

DAS BUCH FÜR STARKE PARTNERSCHAFTEN

neukirchener

INHALT

VORWORT

Vor einigen Jahren war ich bei meinen Eltern zu Besuch. Am frühen Abend lief nebenbei der Fernseher. Im Vorabendprogram wurde die Schauspielerin Senta Berger nach dem Geheimnis ihrer Ehe befragt. Mit einem Augenzwinkern sagte sie sinngemäß Worte, die mir seitdem gelegentlich durch den Kopf schwirren: „tausend Paare – tausend Rezepte". Ich mag diesen kurzen Satz und unterstreiche ihn innerlich. Und dennoch liegt eine unendliche Ressource darin, über den Tellerrand der eigenen Beziehung zu schauen und sich mitnehmen, inspirieren und herausfordern zu lassen. Zu fragen: „Wie macht ihr das eigentlich?" Genau diese Frage, besser gesagt Fragen, stellen Kimberley und Kristian im vorliegenden Buch: Stabil.

Das Paar bietet dabei unterschiedliche Methoden an. Zwischen praktischen Übungen und theologischer Reflexion mit einer guten Prise Humor, sind es vor allem ihre eigenen Biografien, als Individuen und als Paar, mit Höhen und Tiefen, die mich bewegt haben. Kombiniert mit ihrem professionellen Knowhow als Paar-Coaches beleuchten sie Beziehungsmuster, Kommunikations-Schwächen und Stärken und stellen aussagekräftige Metaphern zwischen Cocktailstunde und Hausbau zur Verfügung.

Stabil ermöglicht es den Lesenden, eine Sprachfähigkeit in und für die eigene Beziehung zu erwerben oder diese auszubauen. Man wird herausgefordert, über Fragen miteinander ins Gespräch zu kommen: Was ist eigentlich der Unterschied zwischen Bedürfnissen und Wünschen? Und wo liegt die Spannung zwischen Anerkennung und Erfüllung derselben? Erfrischend ist dabei auch die Offenheit, mit der das Autorenpaar den Lesenden Einblicke in ihre persönlichen Lebensthemen gewährt, mit denen sie aktuell auf dem Weg sind: wo sie selbst dabei sind Freundschaft, Sexualität und Vision zu „üben". In welche Richtung möchte ich abbiegen – als Individuum und als Paar?

So zeigen die beiden authentisch, ehrlich und undogmatisch: Die Wahrheit lieg im Dialog. Und auch das Hören will geübt sein. Genauso wichtig ist das Verstehen, dass Gehörtes und Gemeintes durchaus miteinander im Ungleichgewicht sein können. Müsste ich mir eine Frage, einen Impuls aus diesem Buch aussuchen, den ich für mich mitnehmen möchte, wählte ich für heute die Frage: Wo fühlen wir uns lebendig?

Danke Kimberley und Kristian für eure Inspiration: Mutig. Leben. Teilen.

Mira Ungewitter

DISCLAIMER

HUCH! – DIE BIBEL ALS INSPIRATION FÜR EINE STARKE PARTNERSCHAFT??

In unseren Ausführungen greifen wir mehrfach auf den Schöpfungsbericht zurück und nennen einzelne Bibelstellen. Uns ist bewusst, dass dies auch Risiken birgt, denn nicht jeder Mensch verbindet mit dem „Buch der Bücher“ nur gute Erfahrungen. Wir selbst sind in unserem Verständnis auf einer Reise und können ein solches Unwohlsein gut nachvollziehen. Schließlich malen viele biblische Geschichten ein Partnerschaftsbild, das von antiken soziokulturellen Vorstellungen und Regeln gefärbt ist: Was wir lesen, spiegelt den jeweiligen Zeitgeist und nicht unbedingt Gottes Willen. Missdeutung und Fehlanwendung haben dazu beigetragen, patriarchale und männerdominierte Strukturen zu schaffen und aufrechtzuerhalten. Einschränkungen, die Frauen (und Kinder) dadurch weltweit erleben, sind niemals gottgewollt, sondern drücken die eigene Prägung und Unsicherheit der Menschen aus. Der Schöpfungsbericht bietet die Chance, ein schiefes Bild zu begradigen, denn hier, im Garten Eden, wird uns die Beziehung der Geschlechter „naturbelassen“ und in ihrer von Gott gestalteten und gewollten Form vor Augen geführt. Hier finden wir zwei Protagonisten auf Augenhöhe. Mit Gott als Lebensspender, ohne Schuld und nackt. Beide haben voneinander nichts zu befürchten und voreinander nichts zu verstecken. Dies ist die Richtung, in die wir uns als Partner bewegen wollen.

Also, solltet ihr durch die Bibel gelitten haben und kurz davor sein, das Buch zurück in den Schrank zu stellen, bitten wir um Nachsicht und darum, dem Thema eine neue Chance zu geben. Danke!

DAS ERSTE PAAR

Wo wir aus dem Schöpfungsbericht Ableitungen ziehen, erzählen wir die Geschichte des ersten Paars mit unterschiedlichen Stilmitteln. Verweise auf die

Bibelstellen finden sich im Anhang. Zitierte Bibelstellen im Buch sind teilweise frei und sinngemäß übertragen.

WAS IST MIT GOTT?

Das erscheint manchen vielleicht eigenartig, aber uns beide begleitet der Glaube an einen segnenden Gott von allen Seiten. Unsere Partnerschaft empfinden wir als Geschenk und gehen davon aus, dass ein Plan für uns vorgezeichnet ist. Teilt ihr unsere Überzeugung nicht und glaubt an keine oder an eine andere oder weniger personifizierte Macht, könnt ihr dennoch beruhigt weiterlesen. Unser Buch geht von einem christlichen Menschenbild aus. Der Glaube an eine höhere Macht ist aber keine Voraussetzung, um den Inhalt dieses Buchs nachvollziehen zu können und Freude daran zu haben.

ZU DEN ÜBUNGEN

Unser Buch enthält eine Vielzahl Übungen, die euch helfen, konkrete Schritte zu unternehmen. Wir möchten euch natürlich ans Herz legen, die Übungen zu machen. Dies muss aber nicht in der vorgegebenen Reihenfolge geschehen.

Manche Übungen im Buch sind sehr herausfordernd und haben eine gewisse Sprengkraft. Im Coaching werden solche Interventionen normalerweise von uns geführt. Solltet ihr unsicher sein, ob eine Übung eure Kraft aktuell übersteigt, lasst sie einfach aus. Ihr könnt immer darauf zurückgreifen, wenn ihr euch sicherer fühlt.

GEMEINSAM LESEN?

Unser Buch liest sich am besten so, wie es geschrieben wurde: gemeinsam. Es ist aber auch gut möglich, dass einer von euch Abschnitte zusammenfasst und ihr dann lediglich die Übungen zusammen macht.

GESCHICHTEN

Die genannten Beispiele und Aussagen sind teilweise verändert, um Personen zu schützen.

ALLE MÄNNER SIND ...

Wir sprechen in diesem Buch über Männer und Frauen. Dabei kommt es teils zu ungewollten Verallgemeinerungen. Das ist nicht unser Ziel. Dennoch helfen Abgrenzungen manchmal, Gedanken besser zu erklären. Bitte übertragt unsere Beschreibungen, gleicht sie an eurem Leben ab und widersprecht uns gegebenenfalls auch.

Unsere Gedanken beruhen auf eigenen Erfahrungen oder von Paaren, die wir begleiten durften. Falls ihr Ergänzungen oder andere Sichtweisen habt, freuen wir uns über den Kontakt.

GENDERN?

Um die Lesbarkeit zu fördern, haben wir darauf verzichtet, zu gendern. Wir meinen immer und auf jeden Fall alle.

WIR

Als systemische Coaches begleiten wir Paare und Einzelpersonen in allen Lebenslagen. Wir freuen uns über den Kontakt mit Rückfragen, Anmerkungen oder Gedanken und Erfahrungen von euch. Ihr findet uns unter: HerrUndFrau-Coaching.de

EINFÜHRUNG

EINFÜHRUNG

DER BLICK UNTER DIE MOTORHAUBE

Die meisten von uns tun es äußert ungern. Wir zieren uns, schieben es vor uns her, wissen nicht einmal, wie wir das angehen sollten: der Blick unter die Motorhaube!

Kim: Es blinkt ein rotes Licht. Diese Farbe mag ich nicht! Nicht bei Ampeln, nicht beim Gemüseschneiden und nicht auf dem Armaturenbrett. Zwischen Göttingen und Kassel röhrt mein alter Saab 99 über die A7. Er ist mein ganzer Stolz. So was hat heute kaum jemand. Nicht schnell, aber äußerst bequem und knuffig; Insider wissen, was ich meine. Und überhaupt: Wer mit einem Saab unterwegs ist, gehört zu einer kleinen auserwählten Gruppe von Liebhabern, die nicht jeden neuen Trend kopflos mitmachen. Der Zwei-Liter-Turbo liebt es hochtourig. Nichts kann ihn kleinkriegen! Ich ignoriere das Blinken, werde jedoch erneut aufmerksam, als es einem durchgängig rotem Leuchten weicht. Rasthof Kassel. Ich beschaue mein Gefährt von allen Seiten: Ja, ich sollte mal wieder in die Waschstraße, aber sonst scheint alles normal. Ich überlege: Wie wäre es, einen Blick in den Mund des Monsters zu riskieren?

Jetzt heißt es Mut beweisen! Ich öffne die Fahrertür und taste im dunklen Bereich auf Höhe des Gaspedals. Endlich spüre ich den ominösen Schalter und ziehe ihn zu mir. Es klickt. Ich versuche die Haube zu heben, aber, Mist, sie klemmt! Obwohl es mich einige Überwindung kostet, fahre ich mit dem Zeigefinger durch den entstandenen Spalt zwischen Karosserie und Haube entlang und registriere Dreck, Insektenreste und ölige Rückstände am Finger. Überglücklich finde ich einen Haken, der sich im Spalt versteckt. Ich bewege ihn zur Seite und die Klappe ist frei. Ein erster Blick offenbart zahllose Kabel, Röhren, Töpfe und Drehverschlüsse, die Kammern mit Flüssigkeiten verbergen. Alles ist recht warm. Ich spreche ein paar beruhigende Worte (ob zum Motor oder zu mir, weiß ich nicht), blicke auf meine Hände und wünsche, ich hätte einen Lappen dabei. Und dann kommt mir eine tolle Idee!

„Ein schönes Auto haben Sie! Rotes Licht leuchtet? So, so! Wann haben Sie denn zuletzt Öl nachgefüllt?" Hat man nichts Substanzielles zu sagen, ist lächeln die beste Option. Ich tue es ausgiebig, während der ADAC-Mann zielstrebig in den Motorraum taucht, einen langen Stab herauszieht und inspiziert. „Trocken gelaufen – der Motor saugt und saugt und bekommt nichts zu essen. Sie fahren ohne Öl. Erstaunlich, dass der Wagen noch fährt!"

Es ist halt ein Saab, denke ich still und lächle!

Vermutlich werden sich einige von euch an dieser Stelle an den Kopf fassen und etwas wie „war doch klar" von sich geben. Und doch verhalten wir uns, was Partnerschaft angeht, ebenso blauäugig wie ich mit meinem Saab. Wir fahren los und haben wenig Lust, uns mit den komplizierten Mechanismen auseinanderzusetzen, die uns in Gang halten. Erst durch eine rote Lampe auf dem Armaturenbrett unserer Beziehung lassen wir uns auf den längst überfälligen Service ein.

Kristian und ich glauben, dass eine erfüllte lebenslange Partnerschaft möglich ist. Doch nicht ohne Service! Unsere Partnerschaften auf den Prüfstand zu bringen, heißt zu schauen, welche Teile (Gewohnheiten!) erneuert werden müssen oder welche Software (Denken!) ein Update braucht. So eine Beziehungspflege ist immer ein Prozess, dem beide zustimmen müssen, der Energie und Ressourcen kostet und Veränderungsbereitschaft erfordert. Erst wenn diese vier vorhanden sind, kann ein Check-Up gelingen.

Kristian: Wir Menschen haben viele Wünsche im Leben. Für die meisten ist der Wunsch nach einem Gegenüber, das uns ergänzt, annimmt und inspiriert dabei zentral. Idealerweise in einem gemeinsamen Haushalt – unter einem gemeinsamen Dach. Die Sehnsucht nach Beziehung und Partnerschaft ist in unserem Kern angelegt. Und doch ist der Wunsch dauerhaft schwer umzusetzen. Unsere Verbindung hat ein Eigenleben: Verändert die Vorzeichen, entwickelt Schieflagen, wird müde, kühlt ab, oder wird von Herausforderungen des Lebens an ihre Grenzen getrieben.

Das Thema hinterlässt Narben, und wir bezweifeln, ob eine tiefe Investition überhaupt sinnvoll ist. Sollten wir nicht realistisch in Lebensabschnittspartnern denken, uns nicht zu sehr einlassen? Die Beziehung nach Ablaufdatum wechseln oder gleich eine offene Beziehung, ohne Exklusivität, suchen?

Egal, für welche Möglichkeit wir uns entscheiden, wir nehmen uns immer mit! Deswegen ist die Basis für eine gelungene Partnerschaft letztlich unsere Selbstklärung, sprich: zu verstehen, wer wir sind und sein wollen.

Auch als Paar brauchen wir diesen Findungsprozess. Sind wir gemeinsam nicht bereit, Erneuerungsprozesse und innere Arbeit zuzulassen, verwinden wir uns in Langeweile, Oberflächlichkeit oder sonst einem trüben Ort.

Unser Buch lädt zu dieser inneren Arbeit an eurer Partnerschaft ein. Dafür geben wir Einblicke in unsere Höhepunkte, Tiefschläge und Baustellen und berichten von Paaren, die wir begleiten durften. In jedem Kapitel warten Fragen oder Übungen, die ihr als Sprungbrett in die Paararbeit nehmen könnt. Seid ihr das nicht so gewohnt, stellen manche Fragen womöglich eine Herausforderung dar. Wir ermutigen euch, die Übungen gemeinsam, solidarisch und mit Humor anzugehen. Betrachtet sie als Challenge! Wichtiger als exakte Ergebnisse sind die Gespräche, die sie hervorkitzeln werden.

Den Kern des Buchs bilden unsere vier Partnerschaftssäulen: Freundschaft leben, Lebensvision teilen, Kommunikation lernen, Intimität aufbauen. Wir empfinden eine Partnerschaft als ein Gebäude, in dem diese Themen tragende Funktion haben. Steht eine dieser Säulen schief oder fehlt vollkommen, besteht Einsturzgefahr. Wir helfen euch, diese Säulen zu betrachten und, wenn nötig, zu begradigen oder neu zu erbauen.

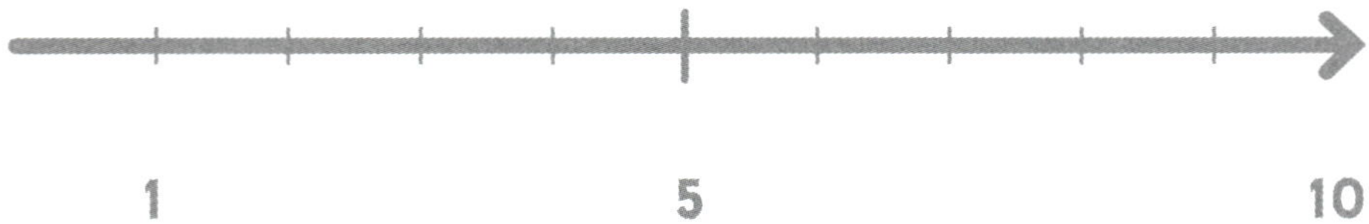

Zu den Übungen: Oft bitten wir euch innerhalb einer Übung, eine Skala (1-10) zu zeichnen, um eure Standpunkte darzustellen. Die Skala bietet im Gespräch einen optischen Anker. Die Zahlen der Skala helfen, auch kleine Entwicklungen sichtbar zu machen oder euren Standpunkt im Verlauf einer Übung nochmals zu korrigieren.

WIE MACHT IHR DAS?

Selbsteinschätzung: Vor euch liegt ein gemeinsamer Blick unter die Motorhaube eurer Beziehung. Wie schätzt ihr euer Commitment, eure Ressourcen, eure Veränderungsbereitschaft für diesen Prozess ein?

Zeichnet beide eine Skala zwischen 1 und 10 (1 = min. 10 = max.).
Ordnet Commitment, Ressourcen, Veränderungsbereitschaft darauf ein.
Vergleicht nun eure Skalen und kommt ins Gespräch.

Diese Fragen könnt ihr einander stellen:

→ Was bedeutet für dich die Zahl, bei der du dein Commitment, deine Ressourcen, deine Veränderungsbereitschaft eingetragen hast? Warum kommst du zu dieser Einschätzung? Was müsste geschehen, damit du einen Wert höher kommst?

→ Überlegt gemeinsam: Welcher der drei Bereiche fällt euch zurzeit eher leicht, welcher eher schwer? Wie könnte diese Erkenntnis euch beim Lesen des Buchs nützlich sein?

DER MASTERPLAN FÜRS MITEINANDER

In diesem Buch beschauen wir Partnerschaft von allen Seiten. Doch wir haben uns eine Besonderheit überlegt: Wir möchten auf eines der ältesten Bücher, die uns zur Verfügung stehen, zurückgreifen und dessen Weisheit als Geländer nutzen. Wir steigen ein, wo alles anfing. Beim ersten Paar, das uns persönlich vorgestellt wird: im biblischen Bericht, bei Adam und Eva. Sie werden in eine Heldenreise geworfen und bekommen eine große Aufgabe anvertraut. Der Schöpfer lädt sie ein, sein begonnenes Werk weiterzuführen und die Erde einzurichten. Sie sind etwas Besonderes – aber auch ein ganz normales Paar.

Welche Herausforderungen sie vorfinden und was wir für unser Thema Partnerschaft von Ihnen lernen können, betrachten wir nun.

ANZEIGE

„Weltentdecker (Alter unklar, doch körperlich fit) sucht Weltentdeckerin. Hallo, ich bin Adam (186 cm, 79 kg). Drahtiger Typ, sympathische Ausstrahlung, braune Augen, dunkle Locken. Momentan arbeite ich mit Tieren, doch für die Zukunft habe ich größere Pläne. Ich möchte Verantwortung für den Planeten Erde übernehmen, damit folgende Generationen einen wunderbaren Lebensraum vorfinden. Dies wird kein Sonntagsspaziergang. Deswegen suche ich eine Partnerin, die mutig, willensstark und kinderlieb ist. Über ein treues und einfühlsames Wesen würde ich mich freuen. Denn in der Tat fühle ich mich z. Zt. recht einsam – es ist nicht gut, allein zu sein. Fühlst du dich angesprochen, melde dich umgehend! Adam, der Erste."

BRIEFKONTAKT

„Hallo Adam, deine Selbstbeschreibung und Pläne klingen toll! Ich mag dunkle Locken und Schöpfungsverantwortung ist mein Herzenswunsch. Ich denke, wir könnten uns gut ergänzen! Wie wäre es mit einem Date zum Kennenlernen?
Die Frau, die Zweite."

DER PATZER GOTTES

So oder ähnlich würde die erste Partnerschaft heute wohl anfangen. Die ganze Geschichte steht im Schöpfungsbericht der Bibel. Wir finden ihn, wenn wir das Buch ganz vorn aufschlagen. Dort lesen wir, wie Gott zunächst das Universum, die Erde, die Tier- und Pflanzenwelt ins Sein *ruft.* Dann *formt* er den ersten Menschen und haucht ihm Leben ein. Er schafft ein Wesen, das ihm ähnelt und imstande ist, eigenständig, kreativ, sozial, solidarisch und reflektiert zu agieren. Ihm verleiht er die Verantwortung, die Schöpfung zu pflegen.[1] Der Mensch gilt aufgrund seiner Gottesebenbildlichkeit als Höhepunkt der Schöpfung. Er ist wie kein anderes Wesen dafür geschaffen, eine aktive Beziehung mit dem Schöpfer einzugehen und sein Mitarbeiter zu werden.

Der Schöpfer lobt sein Werk und findet es sehr gut. Doch Moment mal: Etwas stimmt nicht. Der Mensch ist allein und das entspricht nicht seinem Wesen! Gott erkennt das Problem und handelt sofort: Ein Gegenüber muss her, das ihn *unterstützt* und zu ihm *passt.*[2]

Meist überlesen wir diese Entwicklung, ohne tiefer zu graben. Aber macht es nicht stutzig, dass Gott sich im Schöpfungsakt einen Fehler erlaubt, den er später korrigieren muss? Immerhin ist Gott am Werk und nicht Bob, der Baumeister. Merkwürdig! Oder ist es Absicht? Denn dieses vermeintliche Missgeschick lässt die Einführung des Themas Partnerschaft wie einen Jahrmarkt aufleuchten. Es scheint, der Schöpfer möchte hier, ganz am Anfang der Menschheitsgeschichte, unterstreichen, wie wichtig ihm das Thema ist und alle ermutigen, die sich auf eine Beziehung einlassen.

Wir können an dieser Stelle drei Ermutigungen ableiten:

Erst einmal stellen wir fest, dass Partnerschaft eine höhere (Gottes) Idee ist und nicht unsere. Der Schöpfer ist pro Partnerschaft! Er möchte uns unterstützen, leiten und erfolgreich machen. So gesehen, steht er zu seinem „Produkt" und übernimmt volle Garantie. Das klingt lustig, doch zu erkennen, dass wir Partnerschaft nicht allein aus unserer Kraft schaffen müssen, entlastet. Die Supervision des Himmels einzufordern und zuzulassen, ist Chance und Verantwortung gleichermaßen.

Des Weiteren werden wir ermutigt, nicht nur Partnerschaft, sondern Nähe zu suchen. Es ist besser, gemeinsam unterwegs zu sein – und nicht allein. Das würden die meisten bestätigen. Doch wie nahe wollen wir leben? Alleinsein kann man nämlich auch zu zweit. Etwa, wenn wir einander wichtige Gedanken und Entwicklungen vorenthalten, uns körperlich abschotten oder emotional entziehen. Unser Abenteuer wirft Fragen auf: Sind wir zurzeit gemeinsam oder einsam unterwegs? Und was muss geschehen, damit Nähe entsteht?

Als dritte Ermutigung werden wir aufgefordert, Bedürftigkeit zuzulassen. Jeder Mensch braucht zur Entwicklung Hilfe und Unterstützung. Dem stimmen wir gerne zu – solange es für andere gilt. Insgeheim wünschen wir uns lieber, unabhängig, stark, eigenmächtig – wie Gott – zu sein. Kurios! Doch unser Partner ist genau die Unterstützung, die wir brauchen. Ja, unser Glück liegt mit in seiner Hand – und sein Glück in unserer. Eine große Verantwortung, die mit dem Geschenk der Partnerschaft einhergeht.

WIE MACHT IHR DAS?

Stimmt ihr zu, dass eure Partnerschaft Gottes Idee ist? Falls ja: Inwiefern ist das ermutigend? Falls nein: Wessen Idee war es und was könnt ihr daraus ableiten?

→ In welchen Bereichen seid ihr als Partner gemeinsam und wo einsam unterwegs? Was müsste jeder von euch tun, damit in den einsamen Bereichen Nähe entsteht?

→ Seid ihr euch bewusst, dass der Einzelne die Aufgaben, die das Leben stellt, nicht allein bewältigen muss, sondern sich helfen lassen darf? Besprecht, wie sich das für euch anfühlt. Wann funktioniert das gut und wann nicht?

ZURÜCKLASSEN UND NEUSTART

Szenenhinweis: Eine Frau (unbekleidet) steigt aus einem Jeep, den sie am Rand einer Lichtung geparkt hat. Sie nähert sich einem Mann (unbekleidet), der auf der Wiese liegt, und mit einem Hasen spricht.

SZENE

„Hi, bist du Adam? Die Beschreibung könnte gut hinhauen – vor allem die Locken!"

„Wow, Hallo! Ja ... und du musst wohl die Schönheit sein, die sich auf meine Anzeige gemeldet hat! Ich muss zugeben, hier gibt es nur Tiere ... also, ich habe noch nie eine Frau gesehen und bin echt begeistert!"

„Hihi, ich kann sehen, wie sehr du dich freust ... Doch erst mal das Wesentliche: Es geht dir wirklich darum, die Erde zu gestalten und hübsch zu machen? Also, nicht, dass das nur leere Worte sind – mir ist das nämlich sehr wichtig, verstehst du?"

„Aber ja, das ist genau, was ich will! Es ist mein Auftrag und wichtiger als alles andere. Der große Gärtner hat mich dazu ermutigt. Er nimmt mich stets mit und zeigt mir, wie es geht. Ich habe schon viel gelernt, vor allem über Tiere."

Adam deutet auf den Hasen, der zustimmend nickt.

„Ach, du kennst den Gärtner auch? Das ist ja toll! Er ist wirklich eine spezielle Erscheinung – und leuchtet so schön. Übrigens habe ich den Impuls mit der Weltgestaltung von ihm. Er hat das nie direkt erwähnt, aber in seiner Nähe bekomme ich unglaubliche Ideen für die Zukunft und will um jeden Preis kreativ sein. Vielleicht hat es mit seinem Leuchten zu tun? Es steckt irgendwie an."

Der Mann lächelt nachdenklich, während die Frau ihren Haaren ein Zopfgummi verpasst.

„Ja, sein Leuchten ist unvergleichbar – manchmal denke ich, er und nicht die Sonne ist das Licht der Welt."

Die Frau lässt ihre Haare los und blickt den Mann staunend an. „Das hast du wunderschön ausgedrückt – niemand hätte das besser sagen können!"

Jetzt blicken sich beide an und verharren. Zwischen ihnen entsteht eine verheißungsvolle Stille. Der Betrachter vernimmt eine Mischung aus intensiver Zuneigung und Staunen – ein leiser Urknall der Herzen. Schließlich bricht der Mann die Stille.

„Also, wenn es dir auch so wichtig ist, dann passen wir ja großartig zusammen – wie füreinander geschaffen!"

Die Frau zwinkert den Mann an und blickt sich langsam um. „Ja, das passt. Wohnst du hier auf dieser Lichtung? Dort steht mein Jeep. Ich hole nur rasch meine Taschen und dann legen wir los."

Um Adams Singledasein zu beenden, versorgt Gott ihn mit einer Partnerin, die in allem zu ihm passt. „Endlich!", ruft Adam vor Freude aus, denn er erkennt in ihr seine Art und ist nicht mehr allein. Der Text erklärt: Weil er ein Gegenüber gefunden hat, wird der Mann seine bisherige Identität hinter sich lassen und sich mit seiner Frau verbinden.[3] Die Beziehung der beiden hat kreatives Potenzial. Durch eine selbstgewählte Intimität können sie Neues hervorbringen. Das ist besonders, denn der Verbindungsvorgang betrifft *Körper und Seele*. Während Ersteres uns zumeist nicht so schwerfällt, sieht es mit der Kopplung der Seele komplizierter aus. Wir sprechen über unsere Persönlichkeit, Weltanschauungen, tiefe Empfindungen, Vorlieben, Prägungen, Rollen- und Selbstverständnis. Dinge, die wir nicht einfach abgleichen und miteinander zu koppeln vermögen.

Die Vereinigung dieser Ebene bringt tiefere Verbundenheit mit sich als die Körperliche. Sie ist aber auch anspruchsvoller und erfordert nicht nur minutenlange, sondern lebenslange Bereitschaft, sich aufeinander einzulassen.

Unserem Partner zu versichern: „Für dich lasse ich alles hinter mir!", fühlt sich heldenhaft an, oder? Es ist eine klassische Szene in etlichen Hollywood Produktionen. Doch die Praxis ist weniger glamourös. Es bedeutet täglich, geliebte Eigenarten, Marotten, Angewohnheiten, Sicherheiten, auf den großen Verhandlungstisch zu legen.

Kristian: Als wir uns kennenlernten, war ich in manchen Lebensbereichen schon recht eingefahren. Um die in meiner Kindheit erlebte Unsicherheit zu managen, hatte ich mir Räuberleitern gebaut. Ich verbrachte Zeit zu Hause, ging ungern unter Leute, mied Spontanität, musste alles vorher planen und Abläufe genau wissen. Dieses Stubenhocker-Dasein war für Kim nicht vorstellbar. Genauso wenig wie das Familienbild, das ich von meinen Eltern übernommen hatte („Wir reden über alles und am Ende entscheidet der Mann"). Beide Merkmale waren angstgesteuert und funktionierten mit einer lebenshungrigen Partnerin wie Kim nicht.

Früher habe ich nicht verstanden, warum diese Bibelstelle gezielt Männer ermutigt, ihren Lifestyle für die Partnerin hinter sich zu lassen. Doch heute fällt mir auf, dass es Männern schwerer fällt, Gewohnheiten, Einstellungen und Rollenvorstellungen für die Partnerin aufzugeben. Frauen erlebe ich da doch eher als Teamplayer. Ihre Bereitschaft, Träume und Vorlieben für das große Ganze zurückzustellen, scheint natürlicher. Männer werden hier konkreter angesprochen, weil sie es mehr brauchen. Ich finde es auch heute immer wieder herausfordernd, Dinge für das Team „zurücklassen". Doch bin ich dazu nicht bereit, sind wir eher zwei als eins. Und das macht weniger Spaß. Ein gutes Ergebnis entsteht natürlich nur, wenn beide mitmachen. Doch einer muss vorangehen – mein Wunsch ist, dass ich das immer öfter bin.

WIE MACHT IHR DAS?

Der Schöpfungsbericht spricht davon, alles zurückzulassen, um mit dem Partner ein Körper und eine Seele zu werden. Wie fühlt sich das für euch an? Findet ihr das gut? Warum ja, warum nicht?

→ Wie habt ihr die Loslösung von eurer Vergangenheit und Ursprungsfamilie erlebt? Was fiel euch leicht, was schwer? Bei welchen Themen seid ihr noch mitten im Prozess? Was könnte euch helfen? Was könnte jeder von euch dazu beitragen?

→ Schaut zurück: Welche Angewohnheiten und Eigenarten habt ihr eurem Partner zuliebe schon zurückgelassen? Haben diese Entscheidungen eure Beziehung reicher oder ärmer gemacht? Gibt es Dinge, die ihr vermisst und gerne zurückhaben würdet? Was sagt euer Partner dazu?

DER AUFSTIEG VON SCHAM

Im Schöpfungsbericht erleben wir die erste Partnerschaft zunächst harmonisch, intim und frei von Barrieren. Dann geschieht ein Bruch, der die Geschichte umschreibt.

SZENE

SMS

„Hallo Frau! Ich habe dich in den letzten Wochen kennen und schätzen gelernt. Du öffnest mein Herz und bist die Ergänzung, nach der ich gesucht habe. Ich vertraue dir, denn ich glaube, dass du es gut mir meinst!
PS. Danke für die leckere Frucht – sie liegt etwas schwer im Magen, hat aber wie alles, was du zubereitest, vorzüglich geschmeckt!
Dein auf dich stolzer Adam"

SMS

„Lieber Adam, du kannst dich so gut ausdrücken – es ist schön, deine Nachrichten zu lesen. Ich finde, du bist ein toller Partner, ich fühle mich von dir allezeit gesehen und geschätzt. Außerdem liebe ich deine Locken – sie kitzeln so schön beim Küssen.
Ach ja, wegen der Frucht: Iss lieber nicht weiter davon. Ich habe ein ungutes Gefühl, seit ich sie probiert habe. Gibt es im Garten Pflanzen, die unverträglich sind?
Kuss, deine Frau"

SMS

„Hallo Frau, nein, alles im Garten können wir gut essen. Es sei denn – also, ich hatte dir doch mal von dem einen Baum erzählt. Der Gärtner hatte mich damals vor dieser Sorte gewarnt. Ich hoffe, du hast nicht gerade diese Frucht erwischt? Nein, oder?!?! Puh, wie kann Frau nur so ungeschickt sein! Würdest du nicht immer allein herumstreunen und mehr auf mich hören, wäre das nicht passiert. Wir reden später.
Adam"

SMS

„Hallo?!? Was ist das denn für ein Ton? Ich höre wohl nicht recht! Das von dem Baum hast du mir gar nicht erzählt – zumindest nicht so ausführlich. Wenn sich jemand dumm und verantwortungslos benommen hat, dann wohl du! Ich denke, der Gärtner wird das genauso sehen! Wir klären das, wenn ich nach Hause komme, bis dahin chill mal dein Leben. Und denk nicht, dass heute noch was läuft!
F."

Die Harmonie zwischen den ersten Menschen ist an ihre Hingabe zum Schöpfer gekoppelt. Er ist der Spiegel, in dem Mann und Frau ihren Wert und ihre Würde erkennen. Als sie sich für ein Leben ohne Blick in den Spiegel entscheiden, verblasst das Bewusstsein ihrer Gottesebenbildlichkeit und Hoheit. Ohne das göttliche Gravitationsfeld steht ihre Partnerschaft schutzlos trennenden Kräften gegenüber. In die Lücke der identitätsstiftenden Nähe Gottes tritt die Scham und öffnet die Türen für ihre gruselige Verwandtschaft.

SCHAM

Adam und Eva fühlen sich zu Beginn grenzenlos zueinander hingezogen. Sie sind nackt und bereuen es nicht.[4] Wir sehen ein bestaunenswertes Bild: Ihr Zusammensein ist transparent und komplementär, ohne Reue, Vorurteile oder Befürchtungen. Beide Partner sind verschieden, was aber kein Nachteil ist, vielmehr ergänzen sie einander. Genau so soll Partnerschaft sein: eine schamlose Ergänzung!

KIM: Für mich war Scham ein kaum zu überwindender Ozean. Mich Kristian emotional und körperlich anzuvertrauen und vor allem Fehler und Mängel zu teilen, war fürchterlich schwer. Was würde geschehen, sollte er herausfinden, dass ich doch nicht so genial und fantastisch war, wie er dachte? Ablehnungsangst hatte mich fest im Griff. Kristian musste sich viele Jahre bemühen, um mein Vertrauen zu erwerben – aber er hat es geschafft!

Scham ist das innewohnende Empfinden, falsch oder minderwertig zu sein. Dieses Selbstverständnis war im Schöpfungsplan so wenig vorgesehen wie eine Fliege im Cappuccino. Es ist ein Fremdkörper und eine menschliche Erfindung. Denn der Schöpfer findet sein Werk sehr gut!

Als sie erwacht, überdeckt die Scham diese Klarheit und sät Zweifel. Alles verändert sich. Bisher haben die beiden ersten Menschen nichts voreinander zu verbergen, jetzt verunsichert sie ihre bisherige Nacktheit. „*Mag mein Partner, was er sieht? Hat er etwas anderes erwartet? Stiert er mich gierig an? Uh! Kann mir mal jemand ein paar Kleider geben?*“

Beide gehen auf Sicherheitsabstand. Sie bekleiden sich, teilen sich einander nicht mehr grenzenlos mit. Ihr Vertrauen hat gelitten. Die Empfindung, nackt zu sein, drückt Selbstzweifel, Ablehnungsangst, Verletzlichkeit aus. Diese Gedanken trennen Eva und Adam nicht nur voneinander, sondern auch vom Schöpfer. Obwohl die beiden bisher nichts als seine ungebremste Annahme kennen, beginnen sie, ihn zu fürchten und verbergen sich. Sie wissen nicht mehr, wie er sie sieht, verlieren die Orientierung und verurteilen sich selbst.[5]

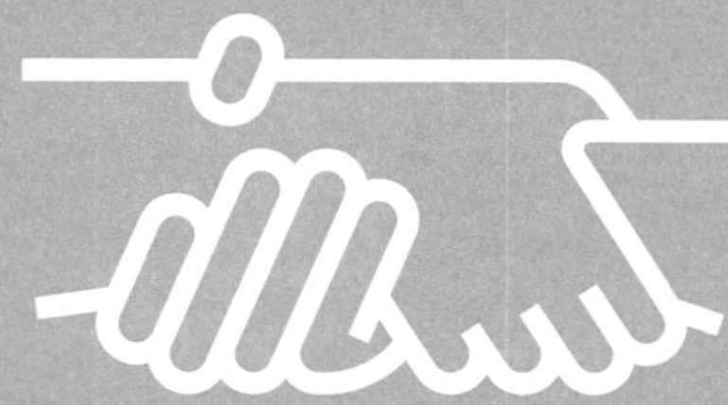

WIE MACHT IHR DAS?

Welche Rolle spielt Scham bei euch? Durch einen einfachen Test könnt ihr es herausfinden. Schaut einander in die Augen und sagt: „Ich schäme mich nicht vor dir.“

→ Wie fühlt sich das an?
→ Was löst das bei euch aus?

Möchtet ihr eine noch intensivere Übung wagen, schlagen wir Folgendes vor:

→ Nehmt euch Zeit, in der jeder von euch eine Liste mit Bereichen schreibt, wo ihr Scham empfindet. Für die Übung ist es wichtig, dass ihr dabei möglichst ehrlich seid. Diese Listen steckt ihr in Umschläge, verschließt diese und legt sie nebeneinander.

Besprecht nun:
→ Welche Vor- und Nachteile hätte es, die Umschläge zu öffnen?
→ Welche Risiken entstehen? Welche Nebenwirkungen könnte es geben?
→ Welche Hoffnungen und welche Ängste sind damit verbunden?

Entscheidet nach dem Austausch gemeinsam:
→ Wollt ihr die Umschläge jetzt öffnen?
→ Wollt ihr das Öffnen vertagen?
→ Wollt ihr die Umschläge lieber nicht öffnen und vernichten?
→ Wollt ihr etwas ganz anderes tun?

Über die von der Scham angestachelten Gefühle zu sprechen, ist der wichtigste Schritt, um das Schreckgespenst loszuwerden. Diese Scham-Listenübung kann man auch gut gelegentlich wiederholen – solange bis ihr euch leere Listen gebt.

SCHULDZUWEISUNG

SZENE

Zwei Personen verstecken sich hinter einem Findling. Sie wirken unentschlossen und verunsichert. Sie haben unbeholfen einige Blätter um ihre Genitalien gelegt, die jedoch bei jeder Bewegung abfallen und ständig gehalten werden müssen.
Der Mann horcht auf und späht über die Felsen hinweg.

„Frau, hörst du seine Schritte? Der Gärtner kommt und wir haben von dieser blöden Frucht gegessen. Ich fühle mich schrecklich, völlig hilflos und nackt."

„Adam, du Depp, du bist nackt! Sag lieber, wo wir uns besser verstecken können. Komm schnell, er ruft uns schon!"

„Frau, seine Stimme ... Ich zittere am ganzen Körper und kann nicht weglaufen. Sie klingt wie immer, doch heute macht sie mir Angst. Mist, da ist er, siehst du das Leuchten? Gleich sind wir dran, das ist unser Ende!"

Der Erfahrung von Scham folgt Schuldzuweisung. Anstatt das Versagen des Partners zu bedecken und einander zu helfen, suchen sie ihren eigenen Vorteil. Beide versuchen, die Schuld (Verantwortung) für ihr Handeln weiterzureichen. Aus einem Dream-Team sind zwei Einzelkämpfer geworden.

SZENE

Der Mann tritt dem Gärtner entgegen und deutet auf seine Frau.[6]

„Hey, Hallo, großer Gärtner! Hier sind wir! Ich weiß, was du denkst, aber lass mich das Ganze erklären: Es war ihre Schuld! Die Frau hat mir die Frucht untergejubelt. Im Grunde war ich ahnungslos. Also, wenn du jemanden zurechtweisen willst – nimm sie!"

Die Frau beschimpft den Mann lautstark und versetzt ihm einen Tritt in die Blätter. Der Mann sinkt stöhnend zusammen.

„Adam ... Du bist so ein hinterlistiger Idiot, Du ekelst mich an, Du schmieriger Kotzbrocken."

Die Frau atmet tief durch, richtet sich auf und wendet sich an den Gärtner.

„Also, lieber Gärtner – ich will hier nicht so rückgratlos auftreten wie mein Vorredner. Ja, ich habe ihm die Frucht gegeben – warum auch nicht? Wir teilen immer alles. Aber die Schlange, mit der solltest du mal reden. Sie hat mich so lange gedrängt, bis ich nicht mehr anders konnte, als die Frucht zu nehmen. Angelogen hat sie mich und geredet, bis sich alles in meinem Kopf gedreht hat. Sie ist an allem Schuld!"

Die Frau beginnt zu weinen und beugt sich nach Rückhalt suchend hinunter zu ihrem Mann, der immer noch am Boden liegt.

„Adam, hat es doll weh getan? Die Schlange ist an allem schuld. So ist es! Adam, jetzt sag doch auch mal was!"

MACHTMISSBRAUCH

Als dritte Folge der bedauerlichen Entwicklung in Eden erleben wir Adams Machtergreifung über seine Frau. Er weist seiner Partnerin ungebeten einen neuen Namen zu. Doch dieser Name verweist nicht auf ihre Herkunft, sondern auf ihre zukünftige Rolle, denn Eva bedeutet „Mutter". Ihre Identität definiert sich nun nicht mehr über ihre Herkunft, sondern über ihre Leistung (Mutter sein).[7]

Gott hatte Adam zwar den Auftrag gegeben, die Tiere zu benennen – aber seine Partnerin fällt wohl kaum in diese Kategorie! Mit dieser Herrschergeste entsteht das erste zwischenmenschliche Machtgefälle. Ihm folgt eine strukturelle Ungerechtigkeit, unter der heute Frauen auf der ganzen Welt leiden.

SZENE

Mann und Frau sitzen im Halbdunkel am Rand der Lichtung. Beide tragen jetzt Felle als Bekleidung.

„Okay Frau, also: Das Gespräch mit dem Gärtner war doch gar nicht so schlimm, oder? Aber wir sollten lieber vorsichtig sein und etwas auf Abstand gehen. Wer weiß, vielleicht überlegt er es sich noch mal anders."

„Was meinst du?"

„Na ja, auf der Schlage ist er ganz schön herumgetrampelt. Ich glaube nicht, dass die je wieder laufen wird … Also, er kann ganz schön wütend werden."

Beide schweigen nachdenklich.

Der Mann steht auf und deutet nach Westen und spricht: *„Ich frage mich, was jenseits des Gartens liegt? Jenseits der goldenen Pforte. Wir sollten bei Dunkelheit aufbrechen und nur das Nötigste mitnehmen. Klappt unser Plan, holen wir den Rest später nach. Jetzt heißt es erst einmal neutralen Boden betreten."*

Die Frau wirkt irritiert. *„Also Adam, ich habe kein gutes Gefühl dabei – lass uns doch mal eine Nacht darüber schlafen."*

Der Mann verschränkt die Arme, um die Endgültigkeit seiner Aussage zu unterstreichen. *„Nein, Frau. Ich habe mir das gut überlegt. Ab jetzt werde ich nicht mehr auf dich hören und die Sache in die Hand nehmen. Wir starten etwas Neues. Du bist jetzt Eva (Mutter). Denn du sollst unseren Nachwuchs hüten! Alles klar, Eva? Na dann los, die Nacht ist angebrochen."*

Szenenwechsel

Adam und Eva sitzen vor einem Höhleneingang. Der Mann versucht, ein Feuer in Gang zu bringen, was ihm aber nicht recht gelingt. Die Frau reinigt ein paar Wurzeln. Sie ist hochschwanger, ihre Haare sind zerzaust. Beide tragen Felle.

„Adam, mein Bauch wird immer größer, alles tut mir weh. Ich glaube, bald ist es so weit. Ich bin mir gar nicht sicher, wie das mit dem Baby gehen soll. Wäre der Gärtner nur hier! Er konnte immer alles erklären. Ihn zu hören, war so schön und sein Licht war so warm."

„Ja, keine Ahnung, wo er abgeblieben ist – ich habe ihn schon seit Monaten nicht mehr gesehen. Wir könnten seine Hilfe wirklich gut gebrauchen. Es fühlt sich so an, als ob der gesamte Planet sich gegen uns verschworen hat. Alles, was schiefgehen kann, geht schief. Nicht mal dieses Feuer will heute brennen!"

Jetzt gerade entsteht ein kleiner Funke und das Feuer beginnt zu glimmen.

„Ah, siehst du, Eva – der Gärtner hat uns nicht vergessen und hört uns immer noch!“ Der Mann schaut in den Himmel und ruft: *„Danke Gärtner! Bitte, lass dich mal wieder blicken, wir vermissen dich!“*

An dieser Stelle verlassen wir den Schöpfungsbericht und die Geschichte von Adam und Eva erst einmal und lassen die beiden ihres Weges ziehen. Sie haben uns drei große Hürden Scham, Schuldzuweisung und Machtmissbrauch verstehen lassen. Auf unserer persönlichen Reise hat uns ein weiterer Stolperstein herausgefordert. Es geht um das Fehlen von Leuchttürmen. Insbesondere für die Bereiche: lebenslange Perspektive, Umgang mit Konflikten und Bewältigung toxischer Altlasten. Darum soll es im nächsten Kapitel gehen.

LEUCHTTÜRME FÜR EINE LEBENSLANGE PERSPEKTIVE UND DEN UMGANG MIT KONFLIKTEN

Mit Leuchttürmen meinen wir Paare, die uns voraus sind und deren Partnerschaft wir als Vorbild nehmen. Unsere eigene Suche war damals ernüchternd: Junge Beziehungen in unserem Freundeskreis waren selbst am Kämpfen oder hatten sich schon in den ersten Ehejahren getrennt. Ältere Partnerschaften hatten eine „der Mann ist Chef“-Färbung, verliefen nicht teammäßig, auf Augenhöhe. Bei Freunden ohne christliche Prägung wurde das Thema Ehe oder der Gedanke an eine lebenslange Partnerschaft eher belächelt und als weltfremd abgetan. Kalkuliert wurde in Lebensabschnittspartnern oder offenen Beziehungen. Nicht etwa, weil der Wunsch danach bestand, sondern weil es als einzig reelle Möglichkeit galt, mit dem Thema umzugehen.

Sprechen wir über Vorbilder für Partnerschaft, sind unsere Eltern an erster Stelle zu nennen. Und zwar unabhängig davon, ob sie da waren oder nicht. Ihre Beziehung vermittelt ein erstes Verständnis, was Partnerschaft ist, und hat wohl die prägendste Rolle. Was sie vorleben, hinterlässt gute und schlechte Samen, die wir später sortieren müssen.

Kim: Ich bin ganz ohne Vater aufgewachsen. Gleich nachdem er erfahren hatte, dass ich unterwegs war, machte er sich aus dem Staub. Da war es für mich schon mal schwer, von zu Hause etwas über Partnerschaft zu lernen. Auch spätere Beziehungen meiner Mutter haben nicht geholfen. Sie war zwar attraktiv und hatte nie Mangel an Verehren, doch gleichzeitig war sie eine hoffnungslose Romantikerin. Feuer im Herzen, doch unfähig, förderlich an ihren Lovestorys zu arbeiten.

Kristian: Meine Eltern waren bis zu ihrem Tod verheiratet. Wie sehr sie dabei echte Partner im Sinne eines Teams waren, ist schwer zu sagen. Meinen Vater erlebte ich als den starken, aber oft einsamen Anführer der Familie. Meine Mutter schien mit dem Rollenverständnis einverstanden. Obwohl ich das Modell nicht mochte, habe ich es in den ersten Jahren mit Kim unbewusst eingefordert. Ich glaube, ohne alternative Vorbilder kehren wir schnell zu unseren alten Schienen zurück – auch, wenn wir sie innerlich ablehnen. Sie geben uns Sicherheit. Erst nach Jahren dämmerte mir, dass Kim meinen Führungsanspruch gar nicht ernst nahm. Erst war ich schockiert, doch dann dankbar. Ich empfand ihren Weg als viel attraktiver, denn ich hatte mir immer eine Frau auf Augenhöhe gewünscht.

Beziehungskonflikte erleben wir täglich. Um einen guten Umgang zu lernen, brauchen wir Vorbilder. Doch hier wird die Luft dünn: Wir präsentieren uns gerne, solange es gut läuft, doch bitte nicht, wenn es knallt. Das finden wir peinlich. Wer möchte schon beim Scheitern beobachtet werden? Auf Medien wie Instagram fällt das besonders auf. Paare geben uns humoristische Einblicke in ihre Beziehung. Die klassischen Themen (Sex, Haushalt, Erziehung, Sport) werden überspitzt und lustig dargestellt. Obwohl auch kritische Situationen beschrieben werden, entsteht der Eindruck, dass diese Menschen es voll drauf haben. Sie haben so wenig echte Konflikte, dass sie in der Lage sind, vorgespielte Situationen in Reels zu präsentieren. Oh, wären wir doch nur wie diese Paare!

Die Beiträge sind belustigend, doch wenn es hart auf hart kommt, wenig hilfreich. Was machen wir, wenn wirklich die Hütte brennt, unser Sex, die Erziehung oder Wohnungsordnung eher Mordor als dem Auenland gleichen? Wir brauchen Paare, die bereit sind, auch ihre Krisen, Niederschläge und Minenfelder authentisch mit uns zu teilen. Ohne authentische Vorbilder fehlt uns die Hauptressource für den Umgang mit schwierigen Zeiten. Denn unsere ungeheuerlichen Probleme sind nichts Besonderes, andere Paare erleben sie ebenso. Aus der Vogelperspektive des Partnerschaftscoachs können wir die grundsätzlichen Beziehungsstörungen auf eine Handvoll reduzieren. Das bedeutet nicht, dass die Lösung des gleichen Problems immer gleich aussieht. Aber zu verstehen, wie andere mit ähnlichen Situationen umgehen, ermutigt uns und vermittelt Weisheit.

Kim: In meiner Familie gab es jede Menge Unstimmigkeiten. Doch eine positive Konfliktbewältigung war nahezu unmöglich. Konflikte wurden ausgeschwiegen oder lautstark ausgetragen – aber selten aufgelöst. Das hinterließ bei mir das Gefühl, dass Reden nichts bringt. Viele Jahre habe ich mich unfähig gefühlt, Zwistigkeiten mit Kristian anzugehen. Doch erstaunlicherweise hatte ich mir einen Partner ausgesucht, der jede Unstimmigkeit direkt bereden und Dinge klären möchte. Um mich vor einer Retraumatisierung zu schützen, wich ich seinen Klärungsversuchen immer wieder aus. Auch heute fällt mir die Auseinandersetzung noch schwer. Aber mir ist klar, dass das Gespräch der einzig gesunde Weg ist, Konflikte zu entschärfen.

Kristian: Meine Eltern waren beide Kriegskinder und hatten schwere Traumata erlitten. Was sie mehr als alles andere wollten, war Frieden und Harmonie. Konflikte wurden deswegen ausgeschwiegen – oder schienen gar nicht vorhanden. Über den Umgang mit Partnerschaftskrisen konnte ich von ihnen nichts lernen. Ihre Hingabe aneinander haben sie allerdings niemals infrage gestellt und sind auf ihre Art immer wieder aufeinander zugegangen. Die Überzeugung, dass Hingabe funktioniert, ist bei mir hängengeblieben. Deswegen spreche ich Konflikte hoffnungsvoll und zeitnah an. Wo zwei eine Lösung wollen – wer soll sie hindern?

WIE MACHT IHR DAS?

Gibt es Paare in eurem Umfeld, die ihr als Leuchttürme erlebt?

→ Was an ihrem Leben findet ihr attraktiv? Wofür könnten sie euch konkret als Vorbilder dienen?

→ Könnt ihr einen Weg sehen, der sie zu diesem für euch vorbildlichen Paar gemacht hat? Was könnt ihr durch ihren Weg lernen?

TOXISCHE ALTLASTEN

Egal, wie sauber wir nach außen wirken, jeder Mensch ist mehr als auf den ersten Blick erkennbar. In uns schlummern verborgene Träume und Gaben, aber auch hochsensible Inhalte. Dinge, die wir unwissentlich oder wissentlich tief vergraben haben und hoffen, niemals wieder ansehen zu müssen. Doch die Vertrautheit und Wärme einer Partnerschaft lädt unsere verborgenen Anteile ein, ans Licht zu kommen – und plötzlich sind sie da.

„Oh, so wütend, energisch, traurig, genervt, aufgeregt, sorgenvoll ... kenne ich dich gar nicht."

„Ja, und ich wollte auch nie, dass du mich so kennenlernst!"

Kurz gesagt: Wir gehen nicht als weißes Blatt in die Partnerschaft, sondern als Zeitung mit unterschiedlichen Schlagzeilen. Zu Beginn lesen wir nur die Geschichten über die Heldentaten des anderen – deswegen zieht er uns ja an! Erst später fallen uns brisante und teilweise auch negative Artikel auf. Möchten wir die gesamte Ausgabe – mit allen Überschriften durchlesen und verarbeiten?

Toxische Altlasten können Dinge sein, die wir getan oder erlebt haben oder die uns angetan wurden. Es geht um traumatische Ereignisse, die mit der eigenen Biografie zu tun haben. Sie prägen uns negativ. Doch unser fragwürdiger Umgang mit ihnen wirkt weitaus schlimmer. Denn toxisch werden die Erlebnisse erst, wenn wir sie abspalten oder aktiv verstecken, statt sie offen anzugehen und als Teil unserer Biografie zu umarmen.

DER COCKTAIL OHNE PARTY

Begeben wir uns in eine Partnerschaft, kann, je nachdem, welche Menge an unbewältigten Altlasten beide mitbringen, ein übersprudelnder Cocktail entstehen. Das emotionale Fassungsvermögen der Beziehung wird dann langsam oder auch ruckartig gesprengt.

Normalerweise haben wir beim Einstieg in eine Beziehung nicht die gemeinsame Vergangenheitsbewältigung, sondern die Hoffnung auf eine freudige

Zukunft vor Augen. Diese Hoffnung ist ein wichtiger Motor und soll die Partner auch weiterhin prägen. Dennoch führt der gemeinsame Weg auch in die inneren Abgründe unserer Seele. In einer langfristigen und ernst gemeinten Beziehung besteht ein reeller Teil des Miteinanders daraus, die Minenfelder der Vergangenheit gemeinsam zu bereinigen. Solche Prozesse ermöglichen, dass aus zwei Geschichten eine gemeinsame wird.

Wir haben das hier in einem Bild aufgemalt. Beide Partner gießen ihre Altlasten in das neue Beziehungsgefäß und bringen es zum Überlaufen. Gute Bewältigungsstrategien können als Ablaufventil wirken.

Kristian: Seit früher Kindheit begleiteten mich Depressionen und innere Dunkelheit. Wenn man über viele Jahre intensive negative Gefühle hat, stumpft man ab und merkt das nicht mehr. Dann ist es normal, schlecht drauf zu ein, das eigene Leben zu hassen oder melancholisch durch den Tag zu schlurfen. Es ist das einzige Leben, das man kennt. Mein negatives Selbst- und Weltbild habe ich ungefiltert in die Beziehung importiert. Kim hat damals sehr unter meinen Stimmungsschwankungen und der mich umgebenden Dunkelheit gelitten. Toxische Altlasten vom Feinsten!

Kim: Ich war immer lebensfroh und in der Lage, das Beste aus schwierigen Situationen zu machen. Dennoch gab es auch eine andere Seite in mir, eine Kim im Schatten, die durch die Ablehnung meines Vaters zutiefst verunsichert und allein war. Und dann war da noch mein älterer Bruder. Ich habe ihn immer geliebt, doch er hat mein Leben durch seine Drogenabhängigkeit an manchen Tagen zur Hölle gemacht. In unserer Familie wurde das aber nicht besprochen. Wir waren sprachlos im Angesicht der Verwüstung, die seine Sucht in unseren Haushalt brachte. Soweit irgendwie möglich, spielten wir alles vor den Nachbarn, Freunden und auch uns selbst herunter. Anders wäre es nicht gegangen.

Meine Mutter bat mich in ihrer Überforderung schon in Kinderjahren um Rat und erwartete Lösungen von mir. Ich entwickelte ein Rettersyndrom, fühlte mich wie die einzig Normale in der Familie und versuchte, das Versagen der anderen wiedergutzumachen. Diese Retterrolle, ein kaputtes Männerbild und viel angesammelter Zorn bildeten das Rezept für meinen emotionalen Cocktail.

Ich finde übrigens, für den Mist, den ich erlebt habe, bin ich erstaunlich gut drauf. Das sage ich zur Ermutigung. Egal, was wir mitbringen, mit Gott an Bord ist Veränderung möglich!

WIE MACHT IHR DAS?

Welche toxischen Altlasten hat jeder von euch mit in die Beziehung gebracht?

→ Welche davon haben euren emotionalen Cocktail besonders zum Brodeln gebracht?

→ Welche Bewältigungsstrategien wendet ihr an?

→ Bei welchen Themen könnt ihr einander helfen? Welche Themen muss jeder einzeln für sich angehen?

DER MASTERPLAN FÜRS MITEINANDER – AUF DEN PUNKT

Mit dieser Einleitung haben wir den Boden für unsere vier Partnerschaftssäulen bereitet. Wir fassen die Kerngedanken noch einmal zusammen.

Der biblische Bericht um die ersten Menschen spricht davon, dass der Schöpfer Partnerschaft aktiv unterstützen möchte. Beziehung ist seine Idee und er findet es gut, dass wir gemeinsam unterwegs sind.

Unser Miteinander ist ein Prozess, bei dem zwei unterschiedliche Menschen sich einander verschenken und eins werden.

Dieser Prozess ist körperlich und seelisch. Er dauert ein Leben lang und braucht nicht nur beim Eingehen des Bundes, sondern fortwährend unser Ja.

Dabei stehen uns innere und äußere Herausforderungen im Weg. Sie gemeinsam zu meistern, lässt aus zwei Geschichten eine entstehen.

WERTE

WERTE – WORAUF STEHEN EURE SÄULEN?

Während beim Einstieg in eine Partnerschaft Verliebtheit oder sexuelle Anziehung die Hauptrolle spielen, sind es gemeinsame Werte, die uns langfristig zusammenhalten. Denn nur, weil eine Person unsere Sehnsucht weckt und elektrisierend auf uns wirkt, heißt das nicht, dass wir mit ihr eine Zukunft gestalten, Kinder bekommen, oder gemeinsam alt werden wollen. Damit dies gelingt, braucht es weit mehr, nämlich sich ergänzende Werte. Sie bilden die Basis, auf der wir unsere vier Partnerschaftssäulen in den nächsten Kapiteln darstellen.

Mit Werten meinen wir essenzielle Überzeugungen, die unsere Gedanken, Gefühle und Handlungen leiten. Sie wirken als unsichtbarer Kompass, der unser Verhalten bestimmt.

Finden sich zwei Menschen, die sich lieben, plötzlich in einer verstrickten Diskussion über scheinbar banale Dinge wieder, liegt dies oftmals an einem Konflikt dieser Werte. Streit findet selten über Sachinformationen statt. Sachinformationen sind bekannt, lassen sich einordnen und überprüfen. Unsere Auseinandersetzungen offenbaren dagegen meist Dinge, die wir nicht in Falsch oder Richtig einordnen können: unterschiedliche Werte nämlich.

Werte entstehen in uns als soziale Konstrukte, geformt durch Umwelterfahrungen, kulturelle Einflüsse und individuelle Prägungen. Dabei spielen auch unser Elternhaus und die Erziehung eine Rolle.

Werte sind unterschiedlich ausgeprägt. Das heißt, gegensätzliche Werte müssen sich nicht immer ausschließen, sondern haben eine Reihenfolge. Vielleicht ist Sparsamkeit ein Wert für uns, der jedoch von Großzügigkeit übertrumpft wird. Entscheidungen fällen wir aufgrund der für uns höher angesiedelten Werte.

Finden wir zueinander, werfen wir unsere Werte wie Teile eines Puzzles auf einen Tisch. Einige lassen sich einfach zusammenfügen, bei anderen müssen wir etwas knobeln. Doch manche verhalten sich wie Essig und Öl, finden nicht zueinander, reiben uns auf und verursachen Missverständnisse, Konflikte und Spannungen.

Sich widersprechende Werte können unter anderem Sparsamkeit und Genusswunsch sein, Abenteuerlust und Sicherheitsbedürfnis, Planungswunsch und Spontanität. Keiner davon ist an sich falsch oder richtig, und wie gesagt: Sie brauchen sich auch nicht zwingend auszuschließen – doch manchmal tun sie das.

Geteilte Werte stärken hingegen das gemeinsame Fundament, schaffen Vertrauen und Entwicklungsraum. Diese im Fokus zu behalten und zu feiern, dürfen wir nicht vergessen!

Wie können wir durchs Thema Werte navigieren?

Finden wir einen Wertekonflikt, ist es zunächst wichtig, festzustellen, dass Werte weder falsch noch richtig, weder gut noch böse sind. Werte sind wertneutral. Wir wollen die Werte des anderen verstehen, aber nicht bewerten. Seine Werte haben in der Beziehung genauso Platz wie unsere. Wir möchten sie ihm nicht wegnehmen oder ihn umerziehen. In einer gelingenden Partnerschaft kann man über Werte reden, ohne zu streiten, indem man sie nicht abwertet, sondern anschaut.

Unsere eigenen Werte und die des Partners zu verstehen und zu respektieren, schafft Nähe und motiviert gemeinsame Entscheidungen. Verstehen wir dagegen die Ursache unserer Differenzen nicht, entsteht ein Kampf um richtig und falsch, den niemand gewinnt. Werteverständnis kann besonders schwerfallen, wenn die Partner aus sehr unterschiedlichen Kulturen oder sozialen Milieus kommen und Vorstellungen haben, die so in der Welt des jeweils anderen nicht vorkommen.

Unsere Werte können die Partnerschaft vor allem dann blockieren, wenn sie sich zu Extrempositionen entwickeln. Nehmen wir noch einmal den Wert Sparsamkeit: Ins Extrem getrieben, würde aus Sparsamkeit Geiz werden – eine Einstellung, die den Partner beim Ausleben seiner Werte vermutlich blockiert.

Das Gegenstück wäre etwa finanzielle Großzügigkeit: Ins Extrem getrieben wäre dies Verschwendungssucht – auch dies eine Einstellung, die den Partner beim Ausleben seiner Werte blockiert.

WIE MACHT IHR DAS?

Macht euch eine Liste von fünf bis zehn Werten, die für euch wegweisend sind. Einige Anregungen findet ihr in der Wertewolke.

→ Erkläre deinem Partner, was der jeweilige Wert für dich bedeutet und wie er sich für dich zeigt.
→ Legt die Listen nebeneinander und vergleicht: Wo sind Stresspunkte, wo Entwicklungsmöglichkeiten, was fällt euch noch auf?

FAMILIENORIENTIERTHEIT GASTFREUNDSCHAFT
TREUE HUMOR FLEIß OFFENHEIT
LOYALITÄT
FREIHEIT AGILITÄT
ABENTEUER FREUNDSCHAFT
VERTRAUEN **RESPEKT** EMPATHIE
ZUVERLÄSSIGKEIT MUT SPAß ERFOLG GEDULD
OPTIMISMUS RUHE
VERGEBUNG FLEXIBILITÄT
TOLERANZ GROßZÜGIGKEIT
BESCHEIDENHEIT

Stellen wir uns Partnerschaft als ein Haus vor, würden unsere Werte das Fundament bilden. Aus ihm heraus wachsen unsere vier Partnerschaftssäulen: Freundschaft, Lebensvision, Kommunikation und Intimität. Empfinden wir eine dieser Säulen als wenig belastbar, kann dies mit dem Fundament – also den Werten – zusammenhängen. Mit diesem Gedanken im Hinterkopf starten wir jetzt mit der ersten Säule: Freundschaft leben.

SÄULE #1 – FREUNDSCHAFT LEBEN

WIE DIE SÄULEN ZU UNS KAMEN

Kristian: Im fünften Jahr unserer Beziehung heirateten wir und zogen zusammen. Ich dachte, wir wären angekommen, doch ungewollt überrannte uns eine Phase intensiver Beziehungsarbeit. Alles fing harmlos an: Wir hatten einander gefunden und das Ja-Wort gegeben und sahen eine brillante Zukunft vor uns. Der Gedanke, als Beziehungsarchitekten einen tragfähigen Bauplan für die nächsten 60+ Jahre zu entwickeln, kam nicht auf. Wir wollten ein Leben lang zusammen sein, fragten aber nicht, welches Fundament eine so langfristige Beziehung benötigt. Wir formulierten ein paar gemeinsame Wünsche, doch ohne Plan, welche Schritte dort hinführen würden.

Und schwupp, nach zwei Jahren fuhr unser Schiff auf eine Sandbank und wir lagen auf der Nase. Doch erstaunlicherweise lieferte gerade unsere Krise (wir berichten später eingehend darüber) die konkreten Strategien und Energie, um ein belastbares Zukunftsbild zu entwickeln.

Kim: Die vier Säulen waren einzelne Mosaiksteine, die plötzlich zusammen ein tragfähiges Bild ergaben. Wir sprachen von einer gelebten Freundschaft, einer gemeinsamen Vision, Nähestiftender Kommunikation und erfüllender Intimität.

Diese vier Säulen fördern unsere Beziehung heute noch. Ihre Umsetzung passen wir unserer Lebensrealität immer wieder an – doch sie selbst haben sich verfestigt und zu gemeinsamen Werten entwickelt. Dabei geht es uns nicht darum, immer alle Säulen hundertprozentig perfekt am Start zu haben, sondern die Bereiche im Blick zu behalten. Angriffe oder Stress wird es immer dort geben, wo wir schwach sind: bei der Säule, die schief steht. Von Zeit zu Zeit befragen wir das Qualitätsmanagement: Welche Säule braucht Pflege und will angeschaut werden?

FREUNDSCHAFT – EIN SELBSTLÄUFER?

Zu Beginn einer Beziehung ist Freundschaft ein Selbstläufer. Wir verbringen jede Menge Zeit, haben Spaß, teilen alles miteinander. „Seid ihr Freunde?" Die Antwort ist eindeutig, unvorstellbar, dass sich an diesem Zustand je etwas ändern könnte.

So geht es den meisten Paaren. Der Start einer Beziehung ist aufregend und intensiv. Das Gefühl, „unsere Ergänzung" gefunden zu haben, versetzt uns in Höhenflüge und lässt uns Problembereiche ausblenden. Doch Partnerschaftsphasen ändern sich.

Kim: Unsere Freundschaft wurde zum ersten Mal auf die Probe gestellt, als wir zusammenzogen. Auf einmal erlebten wir einander intensiver als uns lieb war. Es gab keinen Raum mehr, Eigenarten zu verstecken. Paartherapeuten nennen dies die Phase der Desillusionierung. Themen wie Wohnraumgestaltung, Zeiteinteilung, Haushalt, Sex, Finanzen mussten diskutiert und abgesteckt werden. Wir stießen uns immer wieder an den gleichen Fragestellungen, da wir noch keine Vorstellung von unserer Kommunikationsdynamik hatten. Oft scheiterten wir schon daran, einander inhaltlich zu verstehen – konnten aber auch nicht hilfreich nachfragen. Ein schwieriger Kreislauf. Namika singt: „... ich bin nicht kompliziert, du verstehst mich nur nicht."[8] Genau das dachten wir beide – und suchten die Schuld für das Chaos beim anderen. Die Missverständnisse fingen an zu nerven und es dämmerte uns, dass unsere Beziehung kein Selbstläufer mehr war. Unsere Annahme, Freundschaft sei eine fixe, nicht endende Horizontlinie geriet ins Wanken und das machte mir Angst.

Auflösung

Vielleicht findet ihr euch in unseren Beschreibungen wieder? Wir sind wohl nicht die Ersten, denen es so ging. Zu Beginn einer Beziehung genießen wir die Zeit des Verliebtseins in vollen Zügen, denken an nichts anderes und feiern einander. Doch früher oder später kommt ein Erwachen und wir stellen fest, dass Verliebtheit ein Ablaufdatum hat. Was kann ihr folgen? Liebe? Ja, das wäre gut, aber woher sollen wir sie nehmen?

Betrachten wir Beziehungsphasen, sehen wir, dass die Grundlage partnerschaftlicher Liebe eine gewachsene Freundschaft ist. Sie – und nicht Verliebtheit – wird die Partnerschaft tragen und langfristige Nähe ermöglichen. Die Qualität der Freundschaft hängt dabei nicht so sehr von gemeinsamen Interessen ab, wie wir zu Beginn der Beziehung vermuten. Es sind der Seite an Seite zurückgelegte Weg und die gemeinsame innere Arbeit, die uns einen. Dies im Blick zu haben und hier zu investieren, hat Priorität. Denn auch wenn Partnerschaft mit Gefühlen beginnt, ernährt sie sich durch gute strategische Investitionen in die Freundschaft.

WAS IST FREUNDSCHAFT?

Freundschaft ist ein enger emotionaler Bund, der über eine romantische Beziehung hinausgeht. Wir denken für den anderen mit, wollen ihn froh und erfolgreich sehen. Darum bemühen wir uns, seinen Wünschen und Bedürfnissen (auch wenn sie nicht unsere sind) verständnisvoll zu begegnen. Wenn möglich, wollen wir zu ihrer Erfüllung beitragen. Eine riskante Investition, schließlich geschieht unser Einsatz stets in der Hoffnung, dass der andere mitzieht – und diese Rechnung geht nur auf, wenn beide wollen.

Jede Freundschaft hat eine eigene Dynamik, die durch das Zusammenspiel zweier besonderer Menschen entsteht. Was wir haben, wird intensiver, wenn wir auch in schwierigen Zeiten füreinander da sind und uns bereit zeigen, an der Beziehung zu arbeiten. Manchmal heißt dies, auf den anderen zu warten. Und das kann eine Zumutung bedeuten.

Kristian: Freundschaft ist keine statische Größe, sondern eine gemeinsame Reise mit möglichen Umwegen. Oder eine Gebirgswanderung – mit Höhepunkten und Taldurchquerungen. Auch Täler haben Wert und dürfen vorkommen! Was wir so gewinnen, beginnt zu glänzen, wenn das Verliebtsein von den Wellen des Alltags überrannt wird. Dann dürfen wir erleben, dass Nähe, Geborgenheit, Solidarität und Intimität Bestand haben und die Verliebtheit immer wieder aktivieren.

WIE MACHT IHR DAS?

→ Welche Rolle spielt Freundschaft in eurer Partnerschaft?
→ Würdet ihr diese Säule gerne ausbauen? Woran würdet ihr merken, dass sie stabiler wird?
→ Was für freundschaftsfördernde Aktionen könntet ihr in den kommenden Wochen einbauen? Überlegt gemeinsam, schreibt sie auf und vereinbart Dates dafür.

DREI ANKER, DIE FREUNDSCHAFT FESTHALTEN

NÄHE SUCHEN, NÄHE WÄHLEN

Freundschaft unterliegt in einer Partnerschaft einer Auf- und Ab-Dynamik. Läuft es schlecht, scheint körperlicher oder emotionaler Rückzug Erleichterung zu versprechen. Allerdings müssen wir in guten *und* schlechten Zeiten Nähe wählen – damit aus schlechten Zeiten gute werden. Das bedeutet, körperlich und emotional Kontakt zu suchen und zueinanderzustehen, auf Wegen und Umwegen.

Für uns ergab sich eine Zeit, in der es schlecht lief, schon nach zwei Jahren Ehe.

Kristian: Für mich war damals alles in Ordnung. Ich freute mich an Kim. Sie schien die ideale Ergänzung meines Wohlfühllebens zu sein und bereicherte mich sehr. Für ihre Bedürfnisse war ich allerdings blind. Ich hatte „die Katze im Sack“ und die Erkenntnis, dass Katzen die freie Wildbahn lieben, kam mir zu spät.

Kim: Die ersten Jahre mit Kristian waren für mich sehr erfüllend. Als wir aber nach der Hochzeit zusammenzogen, meldete sich langsam, aber sicher eine Leere. Ich fühlte mich immer weniger verbunden und mit meinen Wünschen nicht wahrgenommen. Kristian war schon immer häuslicher gewesen. Jetzt kam er mir vor wie eine permanente „Couch-Potato“. Es schien mir, als wolle er einen großen Teil unseres neuen Lebens zu Hause verbringen. Ich hingegen wollte immer raus, fühlte mich eher wie ein Straßenköter, der am liebsten draußen herumstreunt. Ich hatte ein unbändiges Bedürfnis nach Spaß und Gesellschaft, wollte unterwegs sein und das Leben intensiv leben. Schleichend entwickelte sich eine eigene Peer-Group, mit der ich viel unterwegs war und neue Sachen ausprobierte. Es entstand eine seltsame Konstellation: Kristian und ich waren nach wie vor voneinander angezogen und verliebt, doch keine Freunde mehr. Ein gutes Krisenrezept! Die Lage eskalierte, als ich mich in einen gemeinsamen Freund verliebte. Er bot mir die Lebensfreude, nach der ich mich sehnte. Das Ereignis war ein Weckruf, den wir beide hörten. Kristian und ich suchten neu Nähe und baten ein befreundetes Paar, das in den USA lebte, um Hilfe. Wir wohnten einen Monat bei ihnen und sie sammelten in ihrer Gemeinde Geld für ein Paarcoaching. Es folgten Monate intensiver Nähe, gemeinsamer Trauer und tieferen Kennenlernens. Vergebungsvoll leben, unser zweiter Freundschaftsanker, wurde in dieser Zeit schmerzvoll geboren.

VERGEBUNGSVOLL LEBEN

Der Kung-Fu-Legende Bruce Lee wird der Ausspruch nachgesagt: „Fehler können immer vergeben werden, wenn man den Mut hat, sie zuzugeben."

Klingt doch gut, oder? In einer von Konflikten geprägten Welt ist aktive Vergebung alternativlos und die Grundlage für eine gute Beziehung. Die Frage ist nicht, ob wir einander verletzen, sondern wann – und wie wir dann damit umgehen werden. Wir durften erleben, wie unsere Freundschaft durch die Kunst des Verzeihens wiederbelebt wurde. Doch dies war eine Reise.

Kristian: Obwohl es mir eher leicht fällt, anderen zu vergeben, erlebte ich das mit Kim als einen fast zwei Jahre dauernden und teils heftigen Prozess. Ich denke, je inniger eine Beziehung ist, desto tiefer schneidet ein Vertrauensbruch. An manchen Tagen während unserer Aufarbeitung empfand ich echte Herzschmerzen. Das waren schlimme Momente. Wieder und wieder sprachen wir das Geschehene durch. Außerdem betrachteten wir im Partnerschaftscoaching, wie es zum Bruch hatte kommen können. Ich erinnere mich an viele gemeinsame Tränen und meinen wiederholten Entschluss, zu vergeben. Nach rund zwei Jahren war es vollbracht. Ein Schatten und eine Last verließen mich. Ich konnte Kim wieder vertrauen und hatte eine schmerzhafte Lektion über ihre Bedürfnisse und meine Verantwortung, diese zu kennen und zu achten, gelernt. Dies wurde zum dritten Anker unserer Freundschaft.

BEDÜRFNISSE VERSTEHEN

In einer Freundschaft zwischen zwei Menschen spielen unterschiedliche Bedürfnisse eine wichtige Rolle. Sie sind nicht statisch, sondern können sich je nach Lebensphase ändern. Manche Bedürfniskonflikte lösen sich deswegen von selbst, indem wir sie ausschleichen. Andere treten durch den Wandel der Lebensrealität in den Vordergrund. Dies kann durch Ereignisse wie Jobwechsel, Elternwerden oder Veränderung der Selbstwahrnehmung beschleunigt werden.

Manche Bedürfnisse erfüllen wir einander natürlich, weil wir sie mit dem Partner teilen. Etwa, wenn beide Pioniere sind und beständig neue Abenteuer suchen, oder beide gesellig und gerne Besuch empfangen. Andere Bedürfnisse müssen wir beim Partner erst erkennen und verstehen lernen. Eine proaktive Auseinandersetzung kann diesen Prozess beschleunigen.
Auch unsere eigenen Bedürfnisse müssen für den gemeinsamen Frieden geklärt werden, denn innere Unklarheit fördert äußere Unklarheit. Habt ihr in eurer Partnerschaft schon mal etwas vermisst, das ihr nicht benennen konntet und dann euren Partner beauftragt, sich darum zu kümmern? Eure Aufgabe gleicht der Bitte, auf dem Heimweg etwas Mondgestein einzusammeln. Könnt ihr selbst eure Wünsche nicht benennen, kann es niemand anders tun.
Bei der Selbstklärung spielen die Lebensreife und die Fähigkeit zur Selbstreflexion eine Rolle. Im ersten Lebensdrittel probieren wir unterschiedlichste Dinge aus, um herauszufinden, wer wir sind. Mit fortschreitendem Alter werden wir uns immer mehr unserer selbst „bewusst". Wir erkennen uns an, samt Stärken und Schwächen. Wir schließen Frieden und teilen unser Leben dementsprechend ein. Das entspannt uns und die Partnerschaft.
Lernen wir unseren Partner allerdings erst mit fortgeschrittenen Jahren kennen, kann ein zu abgeklärtes Selbstbild auch Konfliktpotenzial mit sich bringen.

Kristian: Einem Paar, das erst mitten in der zweiten Lebenshälfte zueinanderfand, ging es genauso. Beide waren in ihrer Persönlichkeit ausgereift, hatten viel erlebt und wussten, was sie wollten und konnten. Im Gespräch wurde mir sofort klar, wie unterschiedlich beide waren: sie extrem herzlich, kontaktfreudig, laut, fröhlich, Gruppen- und Großstadtmensch; er freundlich, ruhig, unaufdringlich, tiefgründig, lebte bisher allein auf einem Bauernhof.

Ganz nach ihrem Wesen eröffnet die Frau leidenschaftlich das Gespräch: „Wir sind so dankbar, dass wir einander gefunden haben und lieben uns sehr – aber wir sind so unterschiedlich!" Ich blicke zum Mann, in Erwartung, dass auch er sich äußern wird. Doch er lächelt mich nur an, nickt, nimmt ihre Hand und streichelt sie beruhigend während sie sich bereits die ersten Tränen aus den Augen wischt. Ein schönes Bild! Die beiden meinen es gut miteinander. Wir versuchen zu klären, wer welche Bedürfnisse mitbringt, wo sich Überschneidungen und wo sich rote Linien befinden.

Ich bin gewiss, die beiden werden es schaffen. Doch wenn man sich so weit fortgeschritten auf der Reise auf einen absolut konträren Menschen einlassen möchte, wird es anspruchsvoll. Andererseits bieten die folgenden Gewohnheitsbrüche eine gewaltige Chance. Sie liefern Brennstoff für einen Energieschub in der zweiten Lebenshälfte, nach dem sich viele Paare sehnen.

BEDÜRFNISSE ERKENNEN UND ACHTEN

Klassische menschliche Bedürfnisse sind bedingungslose Annahme, Zärtlichkeit, Wertschätzung, Trost, Ermutigung, Respekt, Freude, Sicherheit und der Wunsch nach ungeteilter Aufmerksamkeit oder praktischer Unterstützung.

Sind wir in der Lage, solche Wünsche unseres Partners zu erkennen und zu achten, ruht unsere Freundschaft auf einer starken Basis. Dies bedeutet aber nicht, dass wir unserem Partner jedes Bedürfnis erfüllen müssen. Achten heißt nicht erfüllen, sondern anerkennen! Doch um Bedürfnisse zu achten, müssen wir sie erst einmal kennen. Wissen wir, was unser Partner braucht und sich im Herzen wünscht? Oder sind wir ahnungslos und übertragen unsere eigenen Wünsche auf ihn? Wenn wir dauerhaft die Bedürfnisse unseres Partners – oder auch unsere eigenen übersehen, kommt es zu Spannungen.

Kristian: Manche Menschen tragen ihre Bedürfnisse auf einem Tablett vor sich her. Andere erscheinen uns bedürfnislos oder kaum in der Lage, sie zu benennen. So war Kim, als ich sie kennenlernte. Nicht, dass sie keine Wünsche, Hoffnungen und Bedarfe gehabt hätte. Innerhalb ihrer Sozialisation hatte sie aber gelernt, diese zu unterdrücken und nicht zu äußern und stattdessen auf die Bedürfnisse ihrer Familie einzugehen. Diese Verhaltensweise setzte sich innerhalb unserer Beziehung fort: Kim versuchte beständig, meine Bedürfnisse zu erfüllen, konnte und wollte ihre eigenen Anliegen aber nicht gut benennen und fühlte sich von mir übersehen. So entstand ein unglücklicher Kreislauf, in dem es mir immer besser, aber Kim immer schlechter ging.

Kim: Betrachte ich Partnerschaften, dann sind es häufig Frauen, die ihre Bedürfnisse und Wünsche zugunsten des Partners und der Familie zurückstellen. Dies geschieht oft leise und schleichend, sodass die Frauen es selbst zu spät wahrnehmen. Der Impuls, die Familie zu schützen, soziale Erwartungen (speziell der Druck, als Mutter und Partnerin in vielen Lebensbereichen perfekt zu sein) und traditionelle Geschlechterrollen wirken hier hinein. Auch ein niedriges Selbstwertgefühl, der Wunsch nach Harmonie oder die Angst vor Ablehnung spielen eine Rolle.

Fällt einem der Partner auf, dass es dem anderen schwerer fällt, Bedürfnisse zu benennen, tut er gut daran, Mitverantwortung dafür zu übernehmen, dass dies geschehen kann. Unsere Stärke sollte immer dazu dienen, den anderen zu ermächtigen und nicht, ihn zu dominieren.

Empfinden wir, dass unser Partner unsere Bedürfnisse erkennt und im Rahmen seiner Möglichkeiten auf sie eingeht, fühlen wir uns geliebt und gesehen. Die Beziehung wird gestärkt. Erleben wir jedoch, dass unsere Bedürfnisse dauerhaft übersehen werden, können destruktive und zersetzende Mechanismen eintreten.

Selbstsucht und Selbstverurteilung verhindern den gesunden Umgang mit Bedürfnissen. Selbstsucht entspringt der Sorge oder dem Empfinden, zu kurz zu kommen. Wir beginnen, überhöhte Forderungen zu stellen und den Partner auszusaugen oder uns an ihn zu klammern. Wir gieren, zu bekommen, was „uns zusteht“, und versuchen, das Miteinander zu unseren Gunsten zu steuern. Nimmt diese Störung narzisstische Ausmaße an, bringt sie oftmals eine erhebliche Belastung für das Miteinander und Kontrollzwang und Machtspiele mit sich.

Selbstverurteilung wäre die gegenteilige Reaktion: In diesem Fall ärgern oder schämen wir uns für unsere eigenen Bedürfnisse, fühlen uns unwürdig, schwach oder schuldig dafür. Wir wünschen uns, auf uns würde eingegangen, sagen aber gleichzeitig Nein dazu. Dieses widersprüchliche Muster erschwert es dem Partner, auf uns einzugehen.

Beide Extreme führen in eine körperliche oder emotionale Distanz oder auch dazu, dass wir uns anderen „Optionen“ zuwenden.

Manchmal sind unsere Reaktionen auf ungestillte Bedürfnisse auch vielschichtig oder paradox. Verurteilen wir uns für einen Wunsch, fordern ihn aber gleichzeitig ein, kann es sein, dass unser Bedürfnis eine von uns ungeliebte Eigenart offenbart oder als Stellvertreter für einen anderen Selbstkonflikt steht. Beispielsweise könnte ein starkes Bedürfnis nach mehr Zweisamkeit mit dem Partner die Tatsache überdecken, dass wir nicht fähig sind, es allein mit uns auszuhalten, oder ein Wunsch nach mehr Abstand dafür stehen, dass wir uns selbst unattraktiv finden – und lieber selbst auf Distanz gehen, bevor unser Partner dies tun könnte.

BEDÜRFNISSE UND WÜNSCHE

An dieser Stelle ist es sinnvoll, die Begriffe Wunsch und Bedürfnis zu erklären. Worin unterscheiden sie sich?

Bedürfnisse sind essenzielle Anforderungen, die unser Wohlbefinden sicherstellen. Es sind persönliche Notwendigkeiten.

Wünsche hingegen sind persönliche Vorlieben und Vorstellungen von dem, was man gerne hätte oder erreichen möchte. Sie sind eher optional.

Beim Lesen der folgenden Auflistung wird jeder automatisch eine Einordnung vornehmen – in Dinge, die für ihn essenziell und andere, die wünschenswert, aber eher optional sind. Wünsche können im Lauf einer Beziehung variieren, wohingegen Bedürfnisse sich wenig verändern. Da sie uns vermutlich ein Leben lang beschäftigen werden, ist es gut, über die eigenen Bedürfnisse und die des Partners Bescheid zu wissen und Vereinbarungen zu treffen, wie diese erfüllt werden können.

Wir beschreiben im Folgenden eine Reihe von häufig vorkommenden Bedürfnissen. Diese Aufzählung ist nicht abschließend, sondern soll euch als Inspiration und Gesprächsgrundlage dienen. Nach der Vorstellung laden wir euch ein, mithilfe einiger Fragen die Bedürfnisse eures Partners besser kennenzulernen.

DAS BEDÜRFNIS NACH LIEBE UND ANNAHME OHNE VORBEDINGUNGEN

Dem Menschen wohnt eine tiefe Sehnsucht nach vorausgehender Annahme inne. So begegnen wir einem Neugeborenen. Das junge Leben braucht für unsere Liebe nichts vorzuweisen, darf sich „Fehler“ leisten, uns fordern und überfordern. Unserer Annahme als Eltern tut dies keinen Abbruch. Doch im Laufe der Zeit wachsen die Ansprüche an das Kind. Obwohl wir versuchen, unsere bedingungslose Annahme aufrechtzuerhalten, erleben wir Momente des Scheiterns und merken schmerzlich, wie begrenzt unsere Fähigkeit ist, selbst die, die wir von Herzen lieben, ganz anzunehmen.

Offensichtlich fällt uns Annahme leichter, wenn konformes Verhalten vorliegt. Gesellschaftlich ist dies gut zu beobachten: Gerne angenommen werden die, die sich nach unseren Regeln und uns ähnlich verhalten. Auch unseren Partner lieben wir gerne, wenn er sich „liebenswert" verhält. Doch Liebe und Annahme ohne Vorbehalt bedeutet eine bedingungslose Hingabe an eine unvollkommene Person. Sichtbar wird dies gerade im Versagen. Sind wir in der Lage, über die Fehler und Schwächen des anderen hinwegzusehen?

Sind Liebe und Annahme ohne Vorbedingung für uns ein Bedürfnis, das aber nicht erfüllt wird, kann uns das in eine Leistungsspirale führen und unter Druck setzen. Wir versuchen, uns beständig von der besten Seite zu zeigen, verheimlichen Versagen, da wir Ablehnung befürchten. Im schlimmsten Fall bauen wir unserem Partner gegenüber eine faktische oder emotionale Parallelwelt auf.

Wird dieses Grundbedürfnis gestillt, fühlen wir uns sicher und angekommen. Wir sind imstande, uns zu öffnen und Missgeschicke, Schwächen oder dunkle Seiten mit dem Partner zu teilen und um Unterstützung zu bitten.

Kim: Das Bedürfnis nach bedingungsloser Annahme haben wir beide und erfüllen es einander inzwischen „natürlicherweise". Zu Beginn unserer Beziehung war ich hier jedoch verunsichert: Ich konnte mir nicht vorstellen, wieso Kristian mich (meine Gedanken, Wünsche, meinen Körper, mein Wesen) „bedingungslos" annehmen sollte. Ständig versuchte ich, Makel zu verstecken. Meine Öffnung brauchte viele Jahre, in denen Kristian mir immer wieder seine Hingabe („Ich bin dein Fan!") aussprach. Irgendwann fing ich an, es zu glauben. Eine große Erleichterung!

DAS BEDÜRFNIS NACH KÖRPERLICHER NÄHE & ZÄRTLICHKEIT

Auch das menschliche Bedürfnis nach körperlicher Nähe und Zärtlichkeit ist tief verwurzelt und wichtig für unser Wohlbefinden. Die Medizin weiß heute: Berührung festigt emotionale Bindungen, reduziert Stress und stärkt das Immunsystem. Fehlende körperliche Nähe kann hingegen negative Auswirkungen auf unsere allgemeine Gesundheit haben.

Nähe und Zärtlichkeit drücken wir unterschiedlich aus, beispielsweise, indem wir einander mit einem Kuss, einer Umarmung oder einem liebevollen Blick begrüßen, die Vertrautheit ausdrücken oder sexuell aktiv sind.

Ist die Sehnsucht nach körperlicher Nähe und Zärtlichkeit besonders ausgeprägt, bieten Alltagsberührungen wie Händchenhalten, Streicheleinheiten, aber auch regelmäßiger Sex uns Sicherheit. Es sind Energiemomente und Schutzhütten im Alltag. Möchte unser Partner mit Körperlichkeit eher maßhalten, kann das unser Bedürfnis irritieren. Damit für ihn kein Stress entsteht, ist eine offene Kommunikation und das Abstecken von guten Grenzen wichtig, sonst besteht die Gefahr, dass das Gefühl aufkommt, permanent körperlich vereinnahmt zu werden. Eine als überhöht empfundene Forderung nach Nähe zerstört diese gleichzeitig. Nähe und Zärtlichkeit müssen geschenkt werden. Selbstreflexion kann uns helfen, nicht permanent enttäuscht zu werden. „Dass mein Partner mich nicht direkt nach der Arbeit umarmen will, muss nicht bedeuten, dass er mich ablehnt. Er braucht wohl einfach Zeit, um anzukommen ..."

Kristian: Der Wunsch nach körperlicher Nähe ist bei mir ausgeprägt. Vor allem in stressigen Lebensphasen wünsche ich mir, Kims Hand zu halten, möchte Umarmungen abholen und Nähe ausdrücken. Kim funktioniert genau andersherum: Gestresst sucht sie Autonomie und Sicherheitsabstand. Berührungen oder intensive Gespräche sind ihr dann zu viel. Es hat etliche Jahre gedauert, bis wir die verschiedenen Reaktionsmuster verstanden haben und darüber sprachfähig wurden. Heute lernen wir, dem anderen Raum oder auch Halt zu geben – je nachdem, wie unsere Möglichkeiten es zulassen.

DAS BEDÜRFNIS NACH WERTSCHÄTZUNG

Partnerschaft bedeutet, Alltagsaufgaben gemeinsam zu bewältigen. Würdigen wir das gegenseitige Engagement, schaffen wir ein positives Umfeld, stärken Selbstbewusstsein und Einsatzbereitschaft. Regelmäßige und aufrichtige Gesten der Anerkennung und ehrliche Komplimente schaffen Verbundenheit. Je nach kulturellem Zusammenhang fällt uns das Loben eher schwer und das Aufzeigen von Mängeln leichter. Dies gilt vor allem, wenn wir zum Perfektionismus neigen. So wird im deutschsprachigen Raum Kritik eher konstruktiv gewertet, während in Großbritannien Mängel bevorzugt nicht kommentiert oder sogar aufwertend beurteilt werden („Es regnet heute ganz prächtig, aber die Sintflut wird es nicht werden …").

Indem wir die Alltagsheldentaten unseres Partners würdigen, können wir ihn sehr beschenken. Genauso ist es wichtig, nicht nur die Leistung, sondern regelmäßig auch die speziellen Eigenschaften und das Wesen des anderen wahrzunehmen und ihm dafür zu danken, wer er ist.

Ist Wertschätzung für uns ein Bedürfnis, führt uns ein Mangel an positivem Feedback in eine innere Krise, da wir das Gefühl haben, nie genug zu geben. Nimmt unser Partner unseren Beitrag für selbstverständlich, entstehen Frust und Ermüdung. Wir fühlen uns respektlos behandelt und übersehen.

Kim: Mir war früher nicht bewusst, wie wichtig mir Wertschätzung ist. Es braucht nicht viele Worte oder einen Blumenstrauß, aber einfach einen Moment der Anerkennung. Diese Wertschätzung wirkt wie ein Kurzurlaub und sorgt dafür, dass ich mich gerne verschenke. Kristian ist diese Art von Wertschätzung wenig wichtig. Es stört ihn eher, wenn ich mich für Bemühungen, die aus seiner Sicht Selbstverständlichkeiten sind, bedanke. Genauso fiel es ihm anfangs schwer, meine Leistungen zu würdigen. Übernahm ich ungefragt eine Haushaltsaufgabe oder bereitete etwas für ihn vor, nahm er dies wie selbstverständlich an. Das hat mich sehr ärgerlich gemacht! Gleichzeitig versuchte ich, seine Wertschätzung durch noch mehr Anstrengung und Tun zu bekommen – was nicht funktionierte und meinen Ärger in Zorn steigerte. Ein unschöner Kreislauf, den sicher einige von euch nachvollziehen können. Erst während unserer Krise begann Kristian, meinen Wunsch nach regelmäßiger Wertschätzung zu verstehen und sich zu ändern. Gleichzeitig spürte ich, dass meine Sehnsucht nach Anerkennung etwas extrem war und versuchte, mich selbst besser zu verstehen. Ich entdeckte Themen, die dahinterstanden. Als ich sie bearbeitete, erlebte ich mehr Balance. In einem Paarkonflikt können immer beide etwas lernen!

DAS BEDÜRFNIS NACH UNGETEILTER AUFMERKSAMKEIT

Ist uns ungeteilte Aufmerksamkeit ein Bedürfnis, wünschen wir uns Momente, in denen unser Partner uns mit voller Präsenz wahrnimmt und nur für uns da ist. Diese Nähe ist im Alltagstrubel nicht leicht herzustellen, muss geübt oder konkret geplant werden. Simple Vereinbarungen über Handynutzung, Blickkontakt oder Empathie, aber auch verbindliche Dates für intensive Zweisamkeit können helfen. Tiefe Aufmerksamkeit zu schenken, bedeutet, dass wir unserem Partner bewusst und achtsam begegnen. Dies ist unter Umständen anspruchsvoll und je nach unserem Wesen nur für Momente oder kurze Zeiträume möglich. Spielt dieses Bedürfnis eine Rolle, ist es gut, sich gemeinsam darüber klarzuwerden, was beide Partner unter ungeteilter Aufmerksamkeit verstehen und wie viel sie davon wünschen oder bereit sind zu geben.

Kim: Das Bedürfnis nach ungeteilter Aufmerksamkeit erfüllen wir uns seit Beginn unserer Beziehung mit einem wöchentlichen Partnerschaftsvormittag. Dies ist für uns ein festes Date im Wochenrhythmus. Wir gehen Kaffeetrinken, spazieren, schwimmen, nehmen uns Zeit, Gott zu treffen, liegen im Bett oder erledigen dringende Aufgaben zusammen. Wichtig ist, in dieser Zeit die Handys auszuschalten und unsere Beziehung im Fokus zu halten. Keine Angewohnheit hat unser Miteinander in den Jahren so gestärkt wie dieses wöchentliche Date.

DAS BEDÜRFNIS NACH TROST & ERMUTIGUNG

Um Trost spenden zu können, müssen wir sensibel für Enttäuschung und Trauer unseres Partners werden. Dies heißt, seine Empfindungen ernst nehmen und Schmerzen teilen, ohne ihn reparieren zu wollen. Eng damit verbunden ist Ermutigung: Das bedeutet, Zutrauen in die Fähigkeit des anderen ausdrücken, ohne ihm Aufgaben zu entreißen. Trost und Ermutigung ergänzen sich, indem sie uns in schwierigen Zeiten unterstützen und uns helfen, nach vorn zu schauen.

Manchmal ist es uns aufgrund unseres Selbstbilds nicht möglich, uns bedürftig zu zeigen. Das kann zu einer Spannung führen, da wir Trost, Ermutigung und Unterstützung brauchen, sie jedoch gleichzeitig ablehnen. Offenheit, Gespräch und eine Handvoll Demut gegenüber dem Partner können uns dann helfen.

Kristian: Trost ist für mich wichtig. Ich liebe es, wenn Kim mir einfach zuhört oder auch schweigend schwierige Momente mit mir durchsteht. Allein ihre Anwesenheit ist dann ermutigend und hilft mir, mich zu erden. Allerdings fällt es ihr schwer, einfach nur da zu sein. Eine schmerzhafte Situation möchte sie gerne schnell verändert sehen und sich dort nicht lange aufhalten. Dann kommen manchmal praktische Vorschläge und Ideen, während mein Bedürfnis lediglich ihre Aufmerksamkeit ist. Dies ist für uns beide ein Lernfeld.

Kim funktioniert genau andersherum. Sie lässt sich ungern trösten und möchte nicht zugeben, dass sie Hilfe braucht oder in einer Situation nicht allein klarkommt. Aus meiner Sicht ein faszinierendes Verhalten, das ich nicht nachvollziehen kann.

DAS BEDÜRFNIS NACH RESPEKT

Was Respekt in einer Beziehung heißen kann, wird je nach persönlichem Empfinden und kulturellem Blickwinkel unterschiedlich definiert. Für uns bedeutet Respekt ein Miteinander ohne Gefälle und auf Augenhöhe. Dies heißt vor allem, den anderen nicht zu erziehen. Auch wenn es teilweise verlockend ist: Der Partner ist nicht unser Kind und fähig, eigene Wege zu gehen und Verantwortung zu übernehmen. Deswegen begegnen wir seinen Ideen und Meinungen mit Wertschätzung und einander als mündige Gegenüber.

Haben wir ein starkes und autonomes Selbstbild, hat Respekt für uns mitunter hohe Priorität. Womöglich interpretieren wir Kritik rasch als Übergriff und reagieren dementsprechend heftig – vor allem, wenn diese unserem Empfinden nach wenig sachdienlich und unangemessen formuliert ist.

Doch ein unreifes und überhöhtes Bedürfnis nach Respekt kann zu einem Gefälle in der Partnerschaft führen. Unser Partner agiert dann eingeschüchtert oder verspannt, da er fürchtet, Fehler zu machen. In so einem Fall ist es wichtig, darauf zu achten, dass unser Bedürfnis den Partner nicht anmaßend reguliert und selbst in Respektlosigkeit mündet.

DAS BEDÜRFNIS NACH SICHERHEIT/GEBORGENHEIT

Sicherheit und Geborgenheit entstehen durch ein gemeinsames Werte-Fundament sowie eine offene und ehrliche Kommunikation. Geborgen fühlen wir uns, wenn der Partner uns regelmäßig an die Beständigkeit seiner Hingabe und an seine Fähigkeit, auch unsere Makel auszuhalten, erinnert. Dies kann sich in gemeinsamen Ritualen, Verlässlichkeit und der Treue in kleinen Dingen ausdrücken. Ist uns dieses Bedürfnis nicht bewusst oder wird vom Partner nicht erfüllt, neigen wir zu Sorgengedanken und gereiztem Auftreten. Unruhig malen wir uns aus, wie wir „im Ernstfall" auch ohne den Partner auskommen könnten.

Stellen wir bei unserem Partner ein hohes Bedürfnis nach Sicherheit und Geborgenheit fest, können wir nachfragen, wann sich dieses meldet und welche Erwartungen er an uns hat. Dann können konkrete Vereinbarungen oder Rituale festgelegt werden, die sein Bedürfnis stillen.

Kristian: Sicher fühle ich mich, wenn Kim mir unbedingte Transparenz und Ehrlichkeit schenkt. Ein beständiger Informationsfluss und im „Loop" zu sein, ist mir wichtig. Übergangen oder im Unklaren gelassen zu werden, löst Stress und Verunsicherung bei mir aus. Meist sind es nicht große, sondern kleine Details, wie eine nicht besprochene Anschaffung oder die Verlegung eines Termins, die mich dann anfressen. Hier haben wir beide ein Lernfeld, da Kim gerne vergisst, wie wichtig es für mich ist, informiert zu sein oder sich durch mein Nachfragen kontrolliert fühlt.

DAS BEDÜRFNIS NACH PRAKTISCHER UNTERSTÜTZUNG

Partnerschaft bedeutet, einander bei Herausforderungen und Aufgaben des Lebens zu unterstützen. Wir teilen uns Haushalt, Kinder, Papierkram, finanzielle Planung, Ämtersachen und vieles mehr. Dazu gilt es, Zeiten besonderer Belastung (Krankheitsphasen, Berufsübergänge, Projekte ...) zu bemerken und konkrete Hilfe anzubieten. Die Erfüllung des Bedürfnisses nach praktischer Unterstützung stärkt die Bindung und das Vertrauen. Im Team kann man sich aufeinander verlassen!

Allerdings kann sich das Maß, in dem Unterstützung gewünscht wird, unterscheiden. Im Extremfall wird Hilfe sogar intuitiv abgelehnt, da Bedürftigkeit nicht in das eigene Selbstverständnis passt. Gerade, wenn die Partner hier unterschiedlich ticken, ist offene Kommunikation darüber wichtig, wie und wann Unterstützung gewünscht ist.

Kim: Es fällt mir schwer, mich von Kristian unterstützen zu lassen. Als Kind war ich fortwährend in der unterstützenden Rolle und habe gelernt, niemanden zu brauchen und alles zu schaffen, wo andere scheitern. Dieses Selbstbild möchte ich ungern aufgeben. Meine Einstellung wirkt aber gleichzeitig als Barriere, indem ich Kristian nicht erlaube, mich in schwachen und niedergeschlagenen Momenten zu tragen. Ein ferner Traum ist, mich ihm gegenüber bedürftig zu zeigen. Hier bin ich auf dem Weg.

Kristian: Im Gegensatz zu Kim schätze ich ihre Unterstützung und fordere sie sogar ein. Ich bin überzeugt davon, dass wir als Team weit mehr erreichen können. Deswegen habe ich kein Problem, auch in kleinen Dingen um Rat oder Hilfe zu bitten; sei es Kleidungskauf, Entscheidungsfindung, die Bitte, ein Paket zur Post zu bringen oder ein Dokument auszufüllen. Ich finde, dafür sind Partner da.

FREUNDSCHAFT LEBEN – AUF DEN PUNKT

Die gemeinsame Freundschaft ist ein zentraler Baustein einer langfristigen und erfüllenden Partnerschaft. Nähe zu suchen und zu wählen, Vergebung zu leben und Bedürfnisse zu kennen und zu achten sind Freundschaftsschlüssel. Als Nächstes wenden wir uns dem Thema Lebensvision zu.

WIE MACHT IHR DAS?

Geht die von uns beschriebenen Bedürfnisse durch und versucht, zu jedem diese vier Fragen zu beantworten. Bei manchen wird das sehr schnell gehen, bei anderen werdet ihr länger sprechen und erklären müssen. Vermutlich sind dies die Bedürfnisse, die euch besonders betreffen.

→ Was bedeutet dieses Bedürfnis für dich?
→ Wie wichtig ist dieses Bedürfnis für dich auf einer Skala von 1 bis 10?
→ Was fällt dir bei diesem Bedürfnis schwer?
→ Wo hast du dieses Bedürfnis in unserer Beziehung besonders gebraucht und erlebt?

Nach eurem Austausch: Welche Überraschungen ergeben sich? Wie wollt ihr mit den Ergebnissen weiter umgehen?

Besprecht auch:

→ Welche Bedürfnisse erfüllen du und dein Partner einander natürlicherweise? Bei welchen Bedürfnissen entstehen Konflikte?

→ Wie könntet ihr die Bedürfnisse eures Partners, die Konflikte verursachen, anerkennen, ohne unter Druck zu geraten, sie erfüllen zu müssen? Was müsste dafür geschehen?

SÄULE #2 – LEBENSVISION TEILEN

GEMEINSAM DEN ANKER IN DIE ZUKUNFT WERFEN

Mit Lebensvision meinen wir eine gemeinsame Sicht für die nahe und ferne Zukunft. Dies ist ein Mosaik aus großen und kleinen Teilen, die miteinander ein Zukunftsbild ergeben. Manche dieser Traumteile sind vage und entfalten ihre Kraft eher aus dem Hintergrund. Andere sind sehr konkret und können in klaren Zeiträumen geschehen.

Sprechen wir von einer gemeinsamen Lebensvision, bedeutet dies nicht, alles zusammen zu tun, sondern ein die Partner verbindendes Bild vor Augen zu haben, in dem beide vorkommen. Dieses Bild ist wie die Reise selbst nicht statisch, sondern in Entwicklung. Es zu verwirklichen, heißt, es gemeinsam zu optimieren.

Jede Partnerschaft kennt kurzfristige Ziele, wie Urlaubsplanung, gemeinsam ein Buch lesen oder bei einem Projekt mitmachen. Mittelfristige Ziele können ein Umzug, ein Arbeitsplatzwechsel, eine Fortbildung oder eine große Anschaffung sein. In der *frühen Phase* unserer Partnerschaft und im *Lebensmitte-Übergang* erleben wir ergänzend zwei weitreichende Visionsfindungsphasen. Die Erste gehen wir mit Freude an. Sie hilft uns, das allgemeine Spielfeld unserer Beziehung abzustecken. Die Zweite drängt sich uns eher auf und ist weniger willkommen. Sie wird ausgelöst, durch die Übergänge und Rollenveränderungen, die die Lebensmitte mit sich bringt. Auf beide werden wir jetzt nacheinander eingehen.

FRÜHE PHASE

Unsere Werte und unsere Grundeinstellung zum Leben auf Konflikte zu prüfen, hilft, in der frühen Partnerschaftsphase einen gemeinsamen Traum zu formulieren und herauszufinden, wie er praktisch umgesetzt werden soll. Ein

Klärungsprozess der Werte geht allerdings tief und kann sich wie das Öffnen einer Matroschka-Puppe unerwartet lang hinziehen. Doch je mehr wir uns klar werden, worauf wir uns beim Partner einlassen, desto besser stehen wir da.

Speziell, bevor wir uns durch Heirat oder ein langfristiges Projekt (Kinder) langzeitig aneinanderbinden, sollten wir unsere Haltung und Leitbilder vorher gegenüberstellen. Wir übersehen das oft, weil unsere Werte uns so natürlich erscheinen, dass wir davon ausgehen, ein uns sympathischer Mensch müsste sie teilen. Unsere Werte beschreiben Vorannahmen, die für uns so klar sind, dass wir sie nicht als erwähnenswert betrachten.

Ohne einen Abgleich kann es geschehen, dass beide zwar über das Gleiche reden, aber etwas anderes meinen. Ein unerkannter Wertekonflikt kann deswegen auch bei zwei Menschen, die sich lieb haben, zu heftigen Spannungen führen. Der Grund sind dann nicht unterschiedliche Zukunftsbilder, sondern der Realitäts-Check, der sich beim Abgleich einstellt: Jeder Traum ist mit Kosten verbunden und die stillen Erwartungen, wie diese aufgeteilt werden, unterscheiden sich.

KLÄRENDE FRAGEN

Um einen Klärungsprozess für euch anzustoßen, stellen wir eine Reihe von grundsätzlichen Fragen vor. Viele dieser Fragen haben sich unsere Eltern oder Großeltern nicht gestellt. Antworten, die wir heute individuell finden müssen, wurden für sie durch feste Rollen und gesellschaftliche Normen vorgegeben. Unsere heutige Lebenswirklichkeit dagegen ist hochmobil und bietet eine (Über)Fülle an Gestaltungsmöglichkeiten. Lassen wir uns davon beeindrucken, fürchten wir, nicht die höchste Intensität aus unserem Leben zu ziehen und etwas zu verpassen. Dies macht die Entwicklung eines Zukunftsbilds anspruchsvoll und löst schlimmstenfalls Überforderung aus, denn mit den Möglichkeiten steigt auch die Sorge, sich falsch (oder nur für das Zweitbeste) zu entscheiden. Der entstehende Druck lässt uns das Wesentliche übersehen: unseren inneren Kompass, die leise Stimme, die uns führt. Besser ist es, zu fragen, was beide als wahrhaftig ansehen und was ihrem Wesen und ihren Werten entspricht. Hier liegt das Gold, das wir suchen.

Ja, das Ganze ist ein Ringen. Wenn wir an dieser Stelle jedoch nicht proaktiv handeln, besteht die Gefahr, dass der gemeinsame Weg einseitig vom visionsstärkeren Partner, von sozialen Erwartungen oder schwankenden Emotionen dominiert wird. Das möchten wir vermeiden!

In der folgenden Übung stellen wir euch Fragen zur Werteklärung vor. Manche von ihnen könnt ihr klar und praktisch beantworten. Für andere benötigt ihr intensive Zeit und gemeinsame Arbeit. Lest sie zunächst gemeinsam durch. Darunter findet ihr Vorschläge, wie ihr in ein Gespräch einsteigen könnt.

WIE MACHT IHR DAS?

Lest diese Fragen gemeinsam und lasst sie erst einmal auf euch wirken, bevor ihr darüber ins Gespräch kommt:

→ Wo wollen wir leben? Muss es unsere Stadt oder unser Land sein? Was für andere Optionen gibt es und was erwarten wir von ihnen?
→ Welchen Lebensstandard wollen wir haben? Wie viel ist für uns genug? Woran würden wir merken, dass wir genug haben?
→ Wer bestimmt über unser Geld – verwalten wir es gemeinsam oder hat einer von uns den Hut auf?
→ Wollen wir Kinder haben? Wie viele? Wann? Falls ja: Wer kümmert sich um die Kinder?
→ Welchen Stellenwert sollen Status und Karriere haben? Welche Balance wollen wir zwischen Freizeit und Erwerbsarbeit leben?
→ Wie sieht eine gemeinsame Vision unseres Alters aus? Und was wollen wir dieser Welt hinterlassen?
→ Welchen Stellenwert sollen unser Glaube und Spiritualität haben? Wie wollen wir das ausdrücken?
→ Wie viel Zeit wollen wir in Gemeindeaktivitäten oder Ehrenamt investieren?
→ Wie soll die Atmosphäre in unserer Partnerschaft/Familie sein?
→ Mit welchem Lebensgefühl sollen unsere Kinder aufwachsen?

Haben euch einige Fragen angesprochen? Möchtet ihr sie gemeinsam vertiefen, um zu verstehen, welche Werte und Haltung euren Partner bei seiner Aussage bewegen? So könnt ihr vorgehen:

→ Einigt euch zunächst, welche Frage ihr anschauen möchtet und notiert einzeln Stichworte.
→ Anschließend stellt einander eure Ergebnisse vor.
→ Kennzeichnet Übereinstimmungen mit Grün, unwesentliche Unterschiede mit Gelb und wichtige Unterschiede mit Rot. Über die grünen Bereiche könnt ihr euch freuen und über die Roten solltet ihr weiter sprechen.

Wie eine Vertiefung aussehen kann, spielen wir beispielhaft an der Frage des Kinderwunschs durch.

Möchten wir Kinder? Beide Partner stimmen zu. Diese Übereinstimmung wird grün markiert.

Wie viele? Ein Partner wünscht drei Kinder, der andere vier. Dieser Unterschied wäre zunächst unwesentlich und wird gelb markiert.

Wer kümmert sich hauptsächlich? Ein Partner sagt: „Wir beide!", der andere: „Lieber du!" Dieser wichtige Unterschied wird rot markiert und weiter bearbeitet.

Um die roten Bereiche in Einklang zu bringen, müssen wir zunächst die Vorstellungen unseres Partners genau verstehen. Ohne Verständnis keine Klärung! Denn wenn unser Partner sagt „Es ist mir lieber, wenn du dich hauptsächlich um die Kinder kümmerst", haben wir ein inneres Bild vor Augen (das gegebenenfalls unsere Alarmglocken läuten lässt!). Doch solange wir seine Aussage nicht hinterfragt haben, bleibt unser Bild spekulativ. Es ist eine Mischung unserer Erfahrung und Erwartung, aber eben nicht genau, was unser Partner mit seiner Aussage im Sinn hatte.

Ein Klärungsprozess und Aufeinander-Zugehen funktioniert nur, wenn beide wissen, wohin sie sich bewegen müssten. Im nächsten Schritt befragt ihr einander deswegen, was hinter euren Aussagen steht:

„Was genau bedeutet für dich: Wir beide kümmern uns/nur einer kümmert sich'? Kannst du mir das genauer beschreiben? Warum ist dir das wichtig? Woran würdest du merken, dass wir uns beide kümmern/nur einer sich kümmert?"

Ziel des vorgeschlagenen Prozesses ist, euer Gespräch weg von reinen Sachinformationen auf die tieferliegende Ebene der Werte zu führen. Das Vorgehen garantiert aber nicht, dass ihr rasch zu einer Einigung kommt. Es kann sogar sein, dass weitere Fragen und Bereiche sichtbar werden, die Beachtung wünschen. Dann könnt ihr euren Weg dementsprechend planen.

EIN FALL FÜR ZWEI – VISIONSFINDUNG BEI ADAM UND EVA

Warum kann uns die Entwicklung eines gemeinsamen Zukunftsbilds solche Mühe bereiten? Nun, es liegt in der Natur der Sache. Denn es geht für uns um alles – um unsere Zukunft!

Jeder möchte sein Leben möglichst gut verbringen und hofft, dass der Partner eine ähnliche Vorstellung von gut hat. Doch auch, wenn wir uns sonst toll ergänzen, können sich Zukunftswünsche extrem unterscheiden oder im Verlauf der Partnerschaft unterschiedlich entwickeln.

Schauen wir noch einmal zurück in den Schöpfungsbericht. Spannenderweise teilen Adam und Eva anfangs natürlicherweise einen gemeinsamen Traum. Er wird ihnen vom Schöpfer zugesprochen, verleiht ihnen Würde und eint sie.

SZENE

Eine Frau sitzt auf einem Felsen an einem Fluss. Sie lässt die Beine baumeln und spielt mit den Füßen im Wasser. Wenig entfernt steht ein Mann an einem Kiesstrand, hebt Steine auf und lässt sie über das Blau gleiten. Beide sind nackt.

Sie wendet sich zu ihm: *„Adam ist dir aufgefallen, wie ähnlich wir dem großen Gärtner sind? Also, wie er spricht, Dinge berührt und wahrnimmt, ist so vertraut. Manchmal denke ich, wir sind uns ganz gleich – aber dann auch ganz anders."*

Der Mann lächelt, kommt herüber und setzt sich neben die Frau. *„Ja, es ist rätselhaft! Wir scheinen ihn zu spiegeln: So wie er uns anstrahlt, strahlen wir auch! Ich denke, wir müssen mindestens verwandt sein."*

Die Frau hebt bestätigend den Daumen. Nach einer kurzen Pause fährt sie fort: *„Und was denkst du über neulich – als er uns diese ‚Schöpfungsverantwortung' gegeben hat? Das war krass!"*

Während sie spricht, beugt sich der Mann zur Wasseroberfläche und rettet einen Käfer, der in den Fluss gefallen ist. Er setzt ihn vorsichtig auf den Felsen neben sich und sieht zu, wie das Tier durch seine Berührung wieder erwacht. Jetzt wendet er sich wieder der Frau zu: „*Ja, was für ein Moment! Hast du gemerkt? Während seines Segens haben alle Tiere und Pflanzen ihr Liebeslied gesungen – und sogar die Steine haben gebrummt. Alles hat gefeiert und sich gefreut. Es war so ein Durcheinander – ich konnte seine Worte gar nicht richtig verstehen.*" Eva lächelt. „*Ich habe aufmerksam zugehört: Er hat gesagt, er wünscht sich mehr von uns und dass wir uns überall auf der Erde ausbreiten dürfen. Wir sollen die Verantwortung übernehmen – auch für die Tiere. Ich weiß nicht, was das bedeutet, aber danach hat sich eine Waschbärenfamilie vor mir verbeugt und mir ihre Dienste angeboten – das war seltsam!*"

„*Ah, Schöpfungsverantwortung!*" Adam nickt zustimmend. „*Was immer das ist, es klingt zukunftsweisend und wundervoll – ich fühle mich wie dafür geschaffen!*"

Gott schenkt den ersten Menschen nicht nur Leben, sondern auch ein Bild der Zukunft. Er ermutigt sie, fruchtbar zu sein, sich zu vermehren und für die Schöpfung zu sorgen.[9] Dieser sie verbindende Segen ist ein wegweisender Moment für das junge Paar.

Die epische Schilderung enthält ein Detail, das wir häufig überlesen. Gott spricht Mann und Frau gemeinsam, als Team, an. Es gibt keine Aufteilung einzelner Rollen. Die Aufforderung zur Vermehrung und Schöpfungsverantwortung betrifft beide gleichermaßen. An den meisten Orten erleben wir die Welt heute anders. Traditionell sind unsere Gesellschaften von Männern dominiert und gestaltet, während Frauen das Backoffice hüten. Der ursprüngliche Plan geht jedoch von zwei Partnern auf Augenhöhe aus. Gott stellt ein Team zusammen – mit gleichen Rechten, gleichen Pflichten und gleicher Verantwortung. Sie sollen sich ergänzen und einander helfen und dies angeführt und inspiriert von seiner Nähe.

Wie würde unsere Welt wohl heute aussehen, hätte die ursprüngliche Vision des Schöpfers sich durchgesetzt? Himmlisch! Ein faszinierender Gedanke.

Gott wird uns im Schöpfungsbericht als großzügiger Geber vorgestellt. Zum Geburtstag schenkt er dem Menschen eine ganze Welt! Doch an so einer großen Gabe hängt große Verantwortung. Um es genauer zu sagen: Die Aufgabe ist so komplex, dass der Mensch sie allein nicht bewältigen kann. Ihm fehlt die Kompetenz. Die ihm zugesprochene Rolle gelingt nur unter der Supervision des Erfinders. Ohne ihn ist der Mensch, obwohl agil und ausdauernd, orientierungslos.

Deswegen erhalten Adam und Eva eine deutliche Warnung: Hört ihr nicht auf mich, müsst ihr sterben.[10] Und genau so geschieht es. Doch der Tod äußert sich zunächst nicht körperlich, sondern in Beziehungsbrüchen. Die Harmonie mit dem Schöpfer und der Schöpfung, aber auch die Allianz der Partner bekommt Risse. Vor allem dieser Punkt ist für unser Thema, Lebensvision entwickeln, bedeutsam: Adam und Eva gleichen einem Orchester, dessen Dirigent sich in Luft auflöst. Sie klammern sich an die Noten, doch geraten immer mehr aus dem Takt.

Als der Teamplan sich auflöst, werden aus einem starken Duo zwei geschwächte Einzelkämpfer. Die Frau erlebt Schmerzen und Schwierigkeiten beim Gebären. Sie ist dem Herrschaftsanspruch Adams ausgesetzt, benötigt aber gleichzeitig seinen Schutz. Für den Mann stehen Dornen, Disteln, Mühsal und Schweiß bei der Nahrungsbeschaffung auf dem Programm.[11]

Der einende Traum der gemeinsamen Schöpfungsverantwortung tritt in den Hintergrund, während individuelle Herausforderungen die Beziehung dominieren.

TAGEBUCHEINTRAG EVA

„Liebes Tagebuch,
ich freue mich, dass es dich gibt, denn ich weiß nicht, wohin mit meinen Gedanken – und du hörst mir immer zu! Ich wünschte, das könnte ich auch von Adam sagen.
Er hat sich so verändert. Früher hat er meine Wünsche von den Lippen abgelesen und immer zuerst an mich gedacht. Jetzt kann ich froh sein, wenn er mal ein Danke murmelt. Außerdem flucht er ständig und achtet kaum mehr auf sich. Wenigstens einmal die Woche in den Fluss, das muss doch gehen! Er stinkt wie ein Biber und beschwert sich dann, wenn ich keine Lust habe. Ekelhaft!

Aber über mich selbst mache ich mir auch Gedanken. Die beiden Geburten haben mich verändert und mein Body ist nicht mehr in Shape. Das hat Adam auch schon bemerkt (dieser Blödmann!). Ständig ermahnt er mich, Sport zu machen. Früher sind wir den ganzen Tag durch den Garten gelaufen, geklettert, geschwommen und waren total fit. Das klingt heute, mit den beiden Jungs im Schlepptau und dem Haushalt, wie ein ferner Traum. Adam hat gut reden, der ist ja den ganzen Tag draußen, auf der Jagd – klar, dass man da drahtig bleibt. Ich würde auch gerne jagen gehen, aber er sagt, ich gehöre zu den Kindern und bin zu schwach. Das ist echt gemein, ich bin stark wie er – das weiß er genau!
Ich mache mir auch Sorgen um die Jungs. Sie streiten so viel. Abel kennt ja noch ein Maß, aber Kain will immer zeigen, dass er der Bessere ist. Und Adam unterstützt ihn auch noch in seinem Eigensinn. Wo soll das noch hinführen?
Oje liebes Tagebuch, ich will dich nicht vollheulen – aber früher war alles besser! Mist, wir hätten den Garten nie verlassen sollen.
Lieber Gärtner, wenn du das liest – denk an mich, schau mich noch mal so liebevoll an und segne mich."

Was die ersten Menschen erleben, kennt heute jedes Paar. Den anderen selbstlos zu lieben, das wäre toll – doch der Egoismus stellt uns ein Bein. Denn seit unsere Vorfahren die Unabhängigkeit von Gott wählten, möchte jeder die Hauptrolle spielen. Sosehr wir unseren Partner auch schätzen, unsere Tendenz ist: #MeFirst! Eine Einstellung, die den gemeinsamen Traum sabotiert.

Das Gute ist: Der Schöpfer möchte uns immer noch in seinen Masterplan ziehen. Lassen wir uns als Paar finden und hören ihm zu, entsteht ein Weg zu dritt. Dieses Wunder war die ursprüngliche Idee.

WIE MACHT IHR DAS?

Überlegt erst einzeln und tauscht euch dann gemeinsam aus.

→ Was möchte dein Partner in den nächsten 12 Monaten erleben? Kannst du drei seiner Wünsche benennen?
→ Und, was steht ihm dabei im Weg?
→ Wie könntest du helfen, dass einer seiner Zukunftswünsche wahr wird?

VISIONSFINDUNG – UNSER WEG

Kim: Für Kristian und mich war es in den ersten Jahren schwer, unsere Lebensentwürfe zu verbinden. Ich besuchte eine Schauspielschule und spielte in einer Band. Mein Traum war, als Schauspielerin und Musikerin zu leben und gleichzeitig einen tollen Mann zu haben. Als wir zusammenzogen, wurde mir klar, dass Kristian eine ganz andere Zukunft für uns im Sinn hatte. Er wollte eine geistliche Community aufbauen und redete bald von nichts anderem mehr. Meine Ideen schien er nicht ernst zu nehmen. Das frustete mich. Der Gedanke, eine Gemeinde leiten zu müssen, anstatt Spaß zu haben, machte mir Angst. Ich fühlte mich gefangen und zerrissen. Hier bahnte sich die Krise an, von der wir im vorherigen Abschnitt gesprochen haben.

Da ich Kristian nicht enttäuschen wollte, begann ich, ein Doppelleben zu führen: Spaß haben, wann immer ich konnte, und ernst sein, wann immer ich musste. Ein perfektes Rezept für Desaster! Schön, dass wir heute darüber lachen können!

Kristian: Das stimmt! Ich hatte eine religiöse Schlagseite und meinte, alles außer der Gemeindegründung wäre gegenüber Gott ein Kompromiss. Für Kims Wünsche war ich blind. Als mir während der Aufarbeitung unserer Krise die Unterschiedlichkeit unserer Lebensentwürfe bewusst wurde, war ich zwischen dem Gründen und Kims Traum zerrissen. Ich bestürmte Gott, was ich tun sollte, und bekam einen Impuls, der mein Gottesbild neu anordnete: „Kristian, ich habe alles aufgegeben, um dein Vertrauen zu gewinnen – wie wäre es, wenn du das Gleiche für Kim tust?“ Dieser Kommentar zog meiner Religiosität die Beine weg! Das Geistlichste, was ich tun konnte, war nicht, Gemeinden zu gründen, sondern meiner Frau zu dienen. Wow! Ich legte die Gründung auf Eis und ging mit Kims Band auf Tour. Die Zeit einte uns und machte großen Spaß. Als sich zwei Jahre danach die Band auflöste, begannen wir gemeinsam, eine Gemeinde aufzubauen – diesmal Schulter an Schulter und Arm in Arm!

Wir hoffen, das erscheint euch nicht zu steil, aber der Glaube an einen uns segnenden Gott begleitet uns von allen Seiten. Unser Abenteuer empfinden wir als Geschenk und wir gehen davon aus, dass der Schöpfer einen Plan für uns vorgezeichnet hat. Zukunft zu planen heißt für uns deswegen, einander *und* Gott zuzuhören.

Mit unseren Wünschen im Hinterkopf möchten wir uns seinem Masterplan anpassen und dabei mitmachen. Herauszufinden, was das heißt, ist eine Herausforderung, die uns verbindet. In der Bibel heißt es an einer Stelle: „Ohne ein offenbartes Bild der Zukunft stolpern die Menschen über sich selbst, aber glücklich sind sie, wenn sie Gottes Anweisungen folgen!“[12] Um dieses uns angebotene Bild der Zukunft ringen wir. Denn ohne es stolpern wir über uns selbst und unsere Partnerschaft kann ihr volles Potenzial nicht erreichen.

VISION UND LEBENSMITTE

Nun schauen wir uns die zweite große Visionsfindungsphase einer langfristigen Partnerschaft an: die Lebensmitte, landläufig auch das Mid-Life genannt (oft im Zusammenhang mit der „Crisis“). Nicht jeder von euch Lesern befindet sich momentan in der Lebensmitte. Dennoch möchten wir jetzt intensiv über diese spezielle Zeit sprechen: Sie wird von vielen Paaren wie eine Kap-Hoorn-Umsegelung erlebt – und dessen Rundung gilt als größter Schiffs-Friedhof der Welt! Der Verlust eines gemeinsamen Zukunftsbildes spielt dabei eine große Rolle. Denn gemeinsame Träume haben eine magnetische Wirkung. Sie einen uns, wenn externe Kräfte gegen uns spielen. Doch in der Lebensmitte angekommen, wollen unsere bisherigen Ziele neu angefasst werden. Drängende Sinnfragen erscheinen auf dem inneren Radar. Wozu bin ich da? Was ist meine Mission? Wofür möchte ich leben? Der Grund ist die aufkommende Erkenntnis unserer Endlichkeit und der Gedanke, dass wir bereits in der zweiten Halbzeit spielen.

Diese Dynamik lässt uns das bisherige Leben in die Waagschale legen und die Zukunft genauer betrachten. Die uns verbleibende Zeit ist kostbar, wie wollen wir sie verbringen? Im Angesicht der Endlichkeit empfinden wir einige Lebensziele als zu kurzfristig oder inhaltlich flach. Obwohl sie uns früher als Zukunftssprungschanze dienten, sind sie jetzt zu Sackgassen geworden.

VERLIEBTSEIN, HINGABE, ERSTARKEN, ERSTARREN, ERWACHEN

Um zu verdeutlichen, wie das geschehen kann, stellen wir euch fünf Visionsphasen vor, die wir bei Partnerschaften beobachtet haben: Verliebtsein, Hingabe, Erstarken, Erstarren, Erwachen[13].

Die Phase des **Verliebtseins** kennzeichnet den Einstieg in die Beziehung. Vor allem, wenn dies im ersten Lebensdrittel geschieht, stehen hier eher kurzfristige Ziele (Spaß, Sex, gemeinsam Reisen, das Leben feiern, extravagante Hobbys, Zeit miteinander verbringen) im Vordergrund. Die Phase der **Hingabe** vertieft die Verbindung: Die Wünsche sind Familie gründen, sich beruflich orientieren und die entstehenden Herausforderungen gemeinsam meistern. Die Phase des **Erstarkens** zielt darauf ab, Sicherheit und Wohlstand herzustellen und den beruflichen und gesellschaftlichen Status abzustecken. Innerhalb dieser dritten Phase nehmen die Partner zunehmend definierte und routinierte Rollen ein. Dies kann zu einer negativen Entwicklung führen, in der sich das Erstarken zum **Erstarren** wandelt und sich eine Blockade abzeichnet. Während die Kinder eigenständiger werden, kann sich nach intensiven Jahren des Elternseins und Wohlstandsuchens eine innere Leere (Bore-out) oder ein familiärer Überdruss (Burn-out) einstellen. Partnerschaften, deren Vision bisher „Erstarken" war (Sicherheit, Wohlstand, Status), laufen hier gegen eine Mauer. Die Ziele haben sich in gewissem Maß erfüllt, sind gleichzeitig jedoch nicht so erfüllend wie erhofft. Je nachdem, wie eingefahren unsere Lebensabläufe inzwischen sind, hindern uns Furcht vor Veränderung oder überhöhtes Sicherheitsbedürfnis daran, auszubrechen. Schaffen die Partner keinen gemeinsamen Aufbruch, entsteht ein Visionsvakuum, das Türen zu Langeweile, Süchten und Affären öffnen oder bis in die emotionale oder faktische Trennung führen kann. Eine positive Reaktion kann ein partnerschaftliches Aufbäumen und die gemeinsame Suche nach neuen Lebensinhalten mit mehr Tiefgang und weniger Selbstbezogenheit sein. Dies können wir als **Erwachen** bezeichnen. Schaffen die Partner es, ein erneuertes Bild ihrer Zukunft zu entwerfen, kann die Krise überwunden werden.

Der von uns beschriebene Verlauf ist grob gezeichnet und kann im Ablauf variieren. Die Phase des Erstarrens ist zudem häufig an die Übergänge in der Lebensmitte gekoppelt. Diese Zeit wird auch als zweite Pubertät bezeichnet.

In ihr erleben wir – ungefragt – die Chance, uns nochmals selbst zu finden. Für unsere Partnerschaft kann dies eine Krise, aber auch eine Energie freisetzende Neuordnung mit sich bringen.

Klar ist: Wir können den Umbruch nicht aufhalten. Doch wir können entscheiden, ob er uns in eine Sackgasse oder auf eine Rampe führt. Schaffen wir es, neue, sinnstiftende Träume und Ziele zu formulieren, ist unsere Partnerschaft für die zweite Lebenshälfte auf einem guten Weg. Statt uns gegen die Veränderung zu wehren, schauen wir besser nach vorn, denn wenn wir es suchen, liegt das Beste noch vor uns![14]

WIE MACHT IHR DAS?

→ Könnt ihr euch in einer der fünf Phasen wiederfinden? In welcher und wo dort?
→ Gibt es Bereiche eurer Partnerschaft, in denen ihr das Gefühl von Erstarrung verspürt?
→ Beschreibt euch gegenseitig. Wie sich diese Bereiche anfühlen würden, wenn sie erwachen? Was wäre dann da, was jetzt fehlt?
→ Welche kleinen Schritte könntet ihr dafür gehen und wer geht voran?

NEUE ROLLEN (ER)FINDEN

Die Zeit des Übergangs ist für Partnerschaften so herausfordernd, da wir sie als Paar und gleichzeitig individuell erleben. Das heißt, unsere Beziehung, aber auch wir selbst erleben einen Umbruch. Dies kann bedeuten, dass wir Fragen stellen, die wir nie stellen wollten, unsere Perspektiven unscharf werden und Verwirrung entsteht. Unser Partner schaut zu und staunt: Wer ist der Mensch neben mir? Warum hat er aufgehört, zu funktionieren?

Der Umbruch geschieht in Etappen, kann sich über Jahre hinziehen und von den Geschlechtern unterschiedlich erlebt werden. Für den Mann können wir die Phase zwischen 35 – 50 Jahren, für die Frau zwischen 40 – 50 einordnen. Während Männer im Übergang oft Stagnation oder Schwächung begegnen, kann es für Frauen genau andersherum sein. Dies liegt an den auferlegten oder selbstgewählten gesellschaftlichen Rollen.

Die (Selbst-)Erwartung vieler Männer in der ersten Lebenshälfte ist, in ihre Kraft und Berufung zu kommen, sich autonom zu zeigen und gegen Konkurrenz durchzusetzen. Diese Zeit ist ihr Powerplay. Frauen erleben die erste Lebenshälfte häufig mehr als Phase der Einschränkung und Selbstlosigkeit, besonders, wenn Kinder ins Spiel kommen. Sie verfolgen dann oft weniger große Visionen, sondern möchten Beziehung ermöglichen, Nähe und Schutz geben. Letztlich drückt die Bereitschaft, ein Kind in sich wachsen zu lassen, genau dies aus: Sich selbst in die zweite Reihe zu stellen und anderen Raum zu schaffen. Diese Bereitschaft hemmt ihre Selbstverwirklichung und führt sie in eine Abhängigkeit.

Während der Mann im Umbruch merkt, dass sein Powerplay und Autonomiestreben durch biologische Entwicklungen einen natürlichen Bruch erlebt, spürt die Frau, dass sich hier ein Zeitfenster auftut, um ihre Träume zu leben. Vielleicht hat sie ihrem Partner bisher den Rücken freigehalten und sich ins Heranwachsen der Kinder investiert – und beides wird immer weniger nötig. Lebenserfahrung, Mut, Selbstbewusstsein und der Freiraum, sich neu zu erfinden, treffen aufeinander. Die hormonelle Umstellung verleiht ihr Stabilität und schafft zusätzlich Rückenwind. In einer Zeit, wo der Mann nicht selten beginnt, über den Ruhestand nachzudenken, eröffnet sich für die Frau so die Möglichkeit zu einem Aufbruch. Sie beginnt, die Welt zu erkunden, setzt eine Businessidee um oder sucht anspruchsvolle Hobbys und greift nach dem Leben. Lange eingeübte Rollen und Erwartungen geraten dadurch ins Wanken und die gemeinsame Zukunft muss neu verhandelt werden.

LEBEN IM RÜCKSPIEGEL

Auf Krisen reagieren wir meist ungünstig. Wer die Schuld bei anderen sucht, landet schnell bei Zynismus oder entwickelt regelrecht Feindbilder. Oder wir suchen die Schuld auch bei uns selbst, was sich nicht selten durch Selbstmitleid oder Depression äußert. Auch stoisches Aushalten oder Verdrängung durch Ablenkung sind Bewältigungsstrategien in Krisensituationen. Egal, welchen Schutzwall wir aufbauen, um uns mit der eigentlichen Situation nicht beschäftigen zu müssen: Die Endstation ist innere Verhärtung. Ignorieren wir die Streckenführung des Lebensmitte-Umbruchs, besteht die reelle Gefahr, dass wir in einer ihrer Kurven einfach weiter geradeaus fahren. Natürlich kann man Glück haben und auf einem weichen Untergrund landen. Doch meist führt unsere Weigerung, das Leben anzupassen, in einen heftigen Crash – persönlich oder für unsere Beziehung.

Ermutigung, Zuspruch und Korrektur helfen uns, die Spur zu halten. Gezielt den Rat von Vorbildern und Begleitern zu suchen, bekommt in dieser Phase eine hohe Bedeutung.

Kristian: Carsten Lund und ich sitzen in einer Imbissbude. Er hat einen guten Ruf als Coach und ich brauche dringend einen Zuhörer. Seit Monaten empfinde ich mich in einer Krise, bin enttäuscht und genervt. Vieles verlief anders als erhofft und ich fühle mich vom Leben betrogen. Während ich von verpassten Chancen, Messern in meinem Rücken und innerer Unklarheit erzähle, hört Carsten einfach zu. Danach sagt er nicht viel, doch was er sagt, kommt an: „Kristian, was du erlebt hast, ist krass und trifft mich. Doch noch mehr trifft mich dein Unterton.“ Ich schaue ihn fragend an. „Männer in den Vierzigern kommen an eine Kreuzung. Die einen werden zynisch und hart, die anderen weich und nahbar. In welche Richtung möchtest du abbiegen?“

Carstens Worte bleiben hängen – bis heute. In welche Richtung möchte ich abbiegen? Ich kann nicht ändern, was geschehen ist. Aber meine Reaktion kann ich jederzeit bestimmen!

VORSICHT: CAPT. MARVEL IST EIN GANGSTER!

Es ist kaum zu glauben, was einem Freund von uns passiert ist! Wobei: Vielleicht kennt ihr seine Geschichte nur allzu gut?

„An meinem 40. Geburtstag klingelt sie an der Haustür. Als ich öffne, tritt sie ungefragt ein, geht zum Kühlschrank, schnappt sich ein paar Bier, fläzt sich aufs Sofa, schaltet Netflix an und will nicht mehr gehen. Du überlegst? Ja, ich dachte zunächst auch, es wäre Capt. Marvel (Brie Larson) – aber die Trägheit hatte sich nur verkleidet!

Einige Monate lief es zwischen uns ganz gut. Doch dann entdeckte sie Lieferando und unsere Affäre lief aus dem Ruder. Zwei Jahre später bin ich aufgewacht und habe sie angeschrien: ‚Mit dir verschwende ich mein Leben!' Sie hat das anders gesehen. Ein paar Monate später habe ich den Absprung geschafft und bin ausgezogen. Soweit ich weiß, hütet sie immer noch das Sofa. Tragisch – aber manchmal kann man nur sich selbst retten."

Trägheit ist in der Lebensmitte neben Zynismus und Burn-out einer der häufigsten Stolpersteine. Zunächst ist sie eine willkommene Gegenbewegung zur Über-Anstrengung in unseren 30ern. Wir haben einiges erreicht, es ist Zeit, sich etwas zu gönnen! Nämlich Entspannung. Doch treiben wir es zu weit, schnappt die Trägheit zu. Die Krake kann uns einzeln, aber auch als Paar erwischen. Kennt ihr den abendlichen Netflix-Call, das Ploppen der Weinflasche und das Knistern der Chipstüte? Ein bisschen Entspannung, Trost und Unterhaltung. Einfach abschalten von einem Tag, der uns gleichermaßen überfüllt und entleert hat.

Früher hätte man sich abends unterhalten, Gedanken ausgetauscht. Doch inzwischen kennt man sich und die Gespräche ergeben wenig Neues. In dieser Phase wird es zur Herausforderung, echte Menschen zu treffen, denn unseren Freunden geht es ähnlich: Volles Familienleben, Care-Arbeit für die Eltern oder intensive Jobs lassen auch ihnen wenig Zeit für soziale Interaktion. Große Fässer aufzumachen, ist dabei zu anstrengend. Tiefe Gespräche und lebendiger Austausch geraten ins Abseits. Eine Frage betritt die Bühne: „War das schon alles?" Nein! – Es sei denn, wir lassen die Trägheit siegen.

Fühlt sich eure Partnerschaft angesprochen und ihr wollt handeln? Hier kommt der Plan: 1. Netflix kündigen. 2. Regelmäßiges gemeinsames Hobby suchen. 3. Liste mit Freunden erstellen und Beziehungen pflegen. 4. Bonus: Jede Woche gemeinsam eine neue Sache ausprobieren.

VERSCHÜTTETE TRÄUME BEFREIEN

Wünsche und Hoffnungen für die Zukunft finden wir bei jedem Menschen. Zu manchen Zeiten fällt es leichter, diese Energie positiv zu nutzen. Zu anderen Zeiten liegen unsere Träume unter Enttäuschungen, Krisenerfahrungen, verlorenem Selbstvertrauen oder entglittenem Selbstwert verschüttet. Auch die „Rushhour des Lebens“ ist so ein Traumdieb. Das Gute ist: Verschüttete Träume können wir befreien!

Kristian: Ich erinnere mich an einige Zeiten, in denen meine Fähigkeit, über die Zukunft zu träumen, verschwunden schien. Sie folgten traumatischen Erfahrungen, wie dem Zerbrechen unserer Gemeinde und dem Tod meiner Eltern. Es dauerte unterschiedlich lang, die Trümmer zu sichten und zu beseitigen. Immer halfen dabei Mentoren, Freunde und innere Arbeit. Das Schreiben in meinem Tagebuch war besonders wichtig.

Kim: Der Tod meines Bruders war mein größter Traumräuber. Über viele Monate stand ich neben mir und lief wie ein Roboter durch die Gegend. Ich war schwanger, doch über die Zukunft mit meinem Baby nachzudenken, war kaum möglich. Ich habe existiert, mehr ging nicht. Heute weiß ich, dass dies eine Schockreaktion war. Aber man kann sich in so einem Zustand wie in einer Höhle einnisten und das ist mir passiert. Mich rettete damals eine Begegnung mit Gott. Der Sog in die Finsternis drehte sich um. Langsam kehrten Gedanken an die Zukunft und Leben zu mir zurück.

Es gibt eine Reihe von Möglichkeiten, verschüttete Träume zu befreien. Ein Weg ist der Austausch mit einem geistlichen Begleiter oder Psychologen. Ist Trauer der Traumräuber, kann der Besuch einer Trauergruppe oder die Begleitung durch einen Trauer-Coach uns bei der Aufarbeitung helfen.

Auch unser Partner kann eine wichtige Rolle spielen. Das empfehlen wir aber nur, wenn der verschüttete Traum nicht die eigene Partnerschaft betrifft! In diesem Fall ist es besser, Hilfe von außen anzunehmen. In jeden Fall müssen wir bereit sein, uns der Situation zu stellen und Verantwortung zu übernehmen.

WIE MACHT IHR DAS?

Diese Übung hilft, miteinander über verschüttete Träume ins Gespräch zu kommen. Wie schon gesagt, empfehlen wir das nur, wenn beide Partner einverstanden sind und thematisch nicht die gemeinsame Beziehung betroffen ist.

Manche Themen machen uns verletzlich und haben Sprengkraft – bitte versucht deshalb, euch an den von uns angebotenen Gesprächsfaden zu halten.

Ziel dieser Übung ist nicht, einander zu reparieren, sondern einander zu hören. Voraussetzung dafür ist, dass ihr bereit seid, einander die Gabe des Zuhörens zu schenken, ohne zu kommentieren oder verändern zu wollen.[15] Ihr werdet dabei feststellen, wie dieses Einlassen euch als Zuhörer verletzlich werden lässt, weil ihr am Leid des Partners Anteil nehmt.

Aber keine Panik: Das klingt dramatischer als es ist. Es müssen durchaus nicht nur emotionale Schwergewichte besprochen werden. Haben wir den Ablauf verinnerlicht, können wir die Übung im Alltag hervorholen, um einander kurz ins Herz schauen zu lassen.

Wir beschreiben die Übung so, als würden beide nacheinander als Mitteiler und Zuhörer auftreten. Doch dies muss nicht so sein. Variiert, wie es für euch passt.

Diese Übung bietet einen sicheren Rahmen, verschüttete Träume miteinander zu teilen. Sie führt euch in die Transparenz, aber verspricht keine Traumerfüllung. Fakt ist (leider!): Manche Träume werden sich für uns nicht erfüllen. Einen Traum zu befreien, bedeutet für uns nicht, seine Erfüllung zu sehen, sondern Frieden mit ihm zu schließen. Sich von unserem Partner gehört zu wissen, kann ein Schritt in diese Richtung sein. Denn (mit)geteiltes Leid, ist halbes Leid – aber mit Frust isoliert zu sein, ist doppelt schlimm.

So könnte ihr vorgehen:
Jeder notiert einzeln Bereiche, in denen er Frust und Enttäuschung empfindet. Hinter diesen negativen Empfindungen verstecken sich die von uns gesuchten verschütteten Träume.

Geht gedanklich durch euer Leben, stoßt ihr auf Frust, hebt ihn hoch: Welchen verschütteten Traum oder welche zerbrochene Hoffnung findet ihr darunter?

Der Mitteilende stellt jetzt einen Ort von Frust oder Enttäuschung vor und sagt auch, welcher Traum oder welche Hoffnung darunter verborgen liegt.

Der Zuhörer ist aufmerksam und emphatisch. Er gibt keine Ratschläge und versucht nicht, den Partner zu beeinflussen oder zu reparieren. Wichtig: Das Ziel der Übung ist lediglich, einander zu hören. Deswegen sind nur Verständnisfragen erwünscht.

Anschließend wählt der Zuhörer Fragen aus der Liste (s.u.), die er dem Partner stellen möchte. Wieder hört er den Antworten aufmerksam zu, ohne zu kommentieren. Wenn der Sprechende angibt, alles gesagt zu haben, können die Rollen und das Vorgehen getauscht werden.

Nach Abschluss lassen die Partner einander wissen, dass sie den anderen gehört haben und bedanken sich für die Bereitschaft, sich verletzlich zu zeigen.

Fragen für den Zuhörer:
→ Was bedeutet dieser verschüttete Traum für dich?
→ Warum ist dieser Traum für dich wichtig?
→ Wie hat dieser Traum/Hoffnungsverlust dich verändert?
→ Gibt es etwas, das dir darin Mut macht?
→ Was müsste geschehen, damit du deinen Traum leben kannst?
→ Was wäre deine Idealsituation? Was wäre die zweitbeste Auflösung?
→ Was müsste geschehen, damit du mit der Situation Frieden finden kannst?
→ Wie würde es dich verändern, Frieden zu finden?

WIE MACHT IHR DAS?

Besprecht gemeinsam:

→ Welche Gedanken hat das Kapitel „Vision und Lebensmitte“ bei euch angestoßen?

→ Trägheit, Zynismus, Burn-out, verschüttete Träume – welches dieser vier stellt für euer Miteinander die größte Herausforderung dar? Welche kleinen Kurskorrekturen können euch langfristig helfen?

GEMEINSAM ERWACHEN

Die Entwicklung eines verbindenden Zukunftsbilds ist kein Zufallsprodukt, sondern bedarf gezielter und wiederkehrender Visionsarbeit. Unser Traum braucht Kurskorrektur, um Lebensveränderungen gerecht zu werden.

Und wir erleben auch Abschnitte, in denen es schwerfällt, Träume, Wünsche und Gedanken für die *gemeinsame* Zukunft zu formulieren. Der eben von uns beschriebene Umbruch in der Lebensmitte kann so eine Zeit sein. „Hätte mein Partner sich nicht so verändert, würde unser gemeinsames Leben ganz geschmeidig weiterlaufen!" In solchen Phasen kann es sein, dass wir unseren Partner als Sündenbock wählen und als Bremse sehen. Unsere Leidenschaft ist in Frustration umgeschlagen. Doch diese Entzauberung ist eine wichtige Phase auf der Suche nach tiefer und reifer Intimität.

Dass der Partner zu einer Bremse geworden ist, kann, muss aber nicht der Wahrheit entsprechen. Es gehört zum Leben dazu, dass auch wir uns verändert haben. Das Zusammenspiel eines Paars wird immer von beiden beeinflusst und aufrechterhalten. Läuft es schief, ist selten einer allein schuld.

Sind wir unglücklich in der Beziehung, ist es unser Partner vermutlich auch. Diese These zu überprüfen, ist der erste Schritt. Dann bieten sich drei Wege: nichts tun, sich herausziehen oder tiefer einsteigen.

Entscheiden wir uns gemeinsam, ein neues Zukunftsbild zu weben, helfen drei Gedanken, um wieder auf Kurs zu kommen:

Neues Commitment, ohne Abgang im Hinterkopf: Wir stimmen zu, dass der gemeinsame Weg immer noch der bessere ist. Wir finden Wege, Rituale, Sprache und Glauben, um diesen Weg zu stärken.

Barmherzigkeit uns selbst und unserem Partner gegenüber: Wir erkennen unsere eigene Bedürftigkeit und Fehleranfälligkeit sowie die unseres Partners an, ohne uns oder ihn deswegen abzulehnen.

Selbstlosigkeit, durch Loslassen des Ichs: Wir suchen eine gemeinsame Weltsicht, gehen unseren Mist an, statt dies vom Partner zu erwarten und stellen unser Ego zurück, um Raum für das Wir zu schaffen.

ZURÜCK IN DIE ZUKUNFT

Um das Zukunftsbild zu erneuern, hilft euch ein Blick in die Vergangenheit. Euer bisheriges Miteinander ruht in einer Geschichte: Wie ist diese verlaufen? Im Folgenden wollen wir euch zeigen, wie ihr die verbrachten Jahre betrachten, sie in Abschnitte bündeln und ihnen Überschriften zuweisen könnt. Denn obwohl das Leben chaotisch erscheint, können wir bei genauerem Hinsehen einen roten Faden erkennen (versprochen!). Dies ist der verborgene und beständige Plan des Schöpfers für uns. Der Blick in die Vergangenheit beginnt so, die Zukunft anzudeuten: Was wir bereits erlebt haben, ergibt (vor allem in der Rückschau) Sinn und kann als Rampe für die nächste Lebensphase dienen.

Wie können wir den roten Faden unseres Lebens erkennen?
Schauen wir zurück, finden wir drei Kategorien von Erfahrungen:
Dinge, die uns nicht berührt haben.
Dinge, die uns negativ berührt und Leben entzogen haben.
Dinge, die uns positiv berührt und mit Leben erfüllt haben.
Obwohl Gott uns in jeder dieser Erfahrungen nahe war, ist augenscheinlich, dass die Leben spendenden seinem Plan am meisten entsprochen haben. Daher rührt der Gedanke: Fühlen wir uns lebendig, sind wir auf gutem Kurs.

Wo haben wir uns bisher lebendig gefühlt? Damit meinen wir nicht den Adrenalin-Rausch beim Achterbahnfahren, Verliebtheit, die uns Schmetterlinge in den Bauch zaubert, das Genießen eines Erfolgs oder eines tollen Essens. Wir sprechen vielmehr von dem tief gelagerten Bewusstsein, mit uns selbst und dem Leben in Einklang zu stehen – zu sein und zu tun, wofür wir geschaffen wurden.

Was hat uns als Paar bisher Leben und Energie gegeben?
Wo haben wir uns am lebendigsten gefühlt?
Und wie könnten die damaligen Vorzeichen unter heutigen Umständen aussehen?

Zu unserem Erstaunen werden wir feststellen, dass dies überwiegend Zeiten waren, in denen nicht die Befriedigung unserer Bedürfnisse, sondern Selbsthingabe im Mittelpunkt stand. Denn dreht sich das Leben nur um uns, ohne ein

Ziel, das höher ist als wir selbst, steuern wir in die Sinnlosigkeit. Eine gesunde und erfüllende Lebenssicht besteht in der Versöhnung von Selbstverwirklichung und Selbsthingabe.

Zu Beginn unserer Partnerschaft lag unser Fokus mehr darauf, uns selbst zu verwirklichen. Die Beziehung sollte Spaß machen, unser Leben bereichern und uns absichern. Doch nun möchten wir weniger uns selbst bereichern, sondern andere. Das zeigt sich in echter Verbundenheit mit anderen Menschen, kommunalem Denken und Schöpfungsverantwortung. Gesunde Ziele für die zweite Lebenshälfte könnten wir daran messen, was wir hinterlassen: Was wird von uns in dieser Welt bleiben?

LEBENSVISION TEILEN – AUF DEN PUNKT

Bei der partnerschaftlichen Visionsentwicklung wird aus zwei unterschiedlichen Lebensentwürfen ein gemeinsamer. Dieser Prozess braucht kontinuierlich Zeit, Energie und Hingabe. Zu Beginn des Miteinanders sind die gemeinsamen Ziele eher kurzfristig und lustorientiert. In der Lebensmitte findet eine Neuorientierung statt und bisherige Ziele müssen teilweise neu verhandelt werden. Ein guter Flow zeichnet sich dadurch aus, dass die gemeinsame Vision mit Dauer der Partnerschaft langfristiger, altruistischer und damit sinnstiftender wird.

WIE MACHT IHR DAS?

Möchtet ihr gemeinsam neue Ziele setzen, die Selbstverwirklichung und Selbsthingabe versöhnen? Diese Fragen können euch helfen.

→ Wann habt ihr euch einzeln und als Paar besonders lebendig gefühlt? Zu welchen Entscheidungen können euch die Ereignisse heute ermutigen?

→ Was möchtet ihr dieser Welt hinterlassen? Was sollen Bekannte, Verwandte, Freunde und Feinde auf eurer Beisetzung über euch sagen?

→ Woran würdet ihr merken, dass eure Partnerschaft euer Umfeld positiv prägt?

WIE MACHT IHR DAS?

Erreichte Ziele zu feiern und Meilensteine zu setzen, ist zur Würdigung eures Einsatzes sehr wichtig. Vergessen wir das Feiern, vergessen wir das Leben.

Macht eine Liste: Auf welche gemeinsam erreichten Ziele könnt ihr bisher zurückblicken? Feiert, was ihr bisher erreicht habt, auf eine für euch angemessene Weise.

FINDET ZUKUNFT – ERREICHT EURE ZIELE!

Habt ihr durch dieses Kapitels Lust bekommen, konkret Visionsplanung zu betreiben und seid unsicher, wie ihr eine Strategie zum Erreichen eurer Ziele entwickeln könnt? Wir bieten euch einen Prozess an, den ihr als Geländer nutzen könnt. Das Ganze solltet ihr schriftlich festhalten.

Im ersten Schritt sammelt ihr Fragen, die euch bezüglich der gemeinsamen Zukunft umtreiben.

Dann wählt ihr eine aus, um eine gemeinsame Antwort zu finden – dies ist euer Ziel. Bei manchen Fragen geht das schnell und ihr seid sofort einig. Andere Fragen fordern erhebliche Energie. Sie brauchen intensiven Austausch, Zeit und Anstöße von Außen.

Habt ihr ein Ziel definiert, überprüft, ob es *gemeinsam gewünscht*, *realistisch*, *überprüfbar* und *zeitlich zugeordnet* ist. Ohne diese vier Eckpunkte bleibt unser Zukunftsbild ein Tagtraum.

Habt ihr das überprüft, definiert Handlungsschritte, die euch dem Ziel näher bringen. Stellt euch das Bild einer langen Reise vor. In einem Stück schafft ihr das nicht. Die Handlungsschritte sind Etappen, die euch nacheinander ans Ziel führen. Auch jeder Handlungsschritt muss *gemeinsam gewünscht*, *realistisch*, *überprüfbar* und *zeitlich zugeordnet* sein.

Überlegt euch zum Schluss noch, wer von euch, in welchem Rhythmus das Einhalten der Handlungsschritte überprüfen soll.

Markiert außerdem im Kalender, wann ihr die Zukunftswünsche überprüfen wollt.

Wir erklären den Prozess am Beispiel Familienplanung in dieser Tabelle.

In diesem Beispiel würde es Sinn ergeben, den Wunsch nach mindestens drei Kindern nach der Geburt des ersten Kinds zu überprüfen. Denn unsere Zukunftswünsche sind in Entwicklung. Deshalb müssen wir unsere Fragen, Ziele und Handlungsschritte anpassen: Stellen wir noch die richtigen Fragen? Sind dies immer noch unsere Ziele? Ergeben unsere Handlungsschritte immer noch Sinn?

FRAGE	ZIEL	HANDLUNGSSCHRITTE	ZEIT/HÄUFIGKEIT
MÖCHTEN WIR KINDER?	ja	Sex	oft
WIE VIELE?	min. 3	Lebenssituation anpassen	24 Monate
WER KÜMMERT SICH?	beide	Erwerbssituation anpassen	36 Monate

SÄULE #3 – KOMMUNIKATION LERNEN

KOMM, WIR TANZEN!

Einander hören zu lernen und sich so auszudrücken, dass der Partner uns versteht, ist eine heikle Sache. Oftmals verstehen wir uns selbst nicht – wie soll es da unserem Partner gelingen? Wir beobachten, dass 80 Prozent partnerschaftlicher Konflikte durch Unfähigkeit in der Kommunikation entstehen. Denn einander hören, bedeutet nicht, einander zu verstehen. Und den Partner zu verstehen, heißt nicht, ihm zuzustimmen.

Die Säule Kommunikation erleben wir deswegen wie den Tanzboden für unsere anderen Beziehungssäulen: Freundschaft leben, Lebensvision teilen, Intimität aufbauen. Hakt es hier, hakt es auch dort!

Im Folgenden stellen wir euch Modelle vor, die uns geholfen haben, das weite Feld Kommunikation besser zu verstehen. Wir haben sie vereinfacht und für unser Thema angepasst. Die Beobachtungen werden euch unterschiedlich ansprechen, denn obwohl Paare ähnlich kommunizieren, erlebt jede Beziehung Besonderheiten und benötigt unterschiedliche Hilfen.

MITTEILUNG PASSIERT!

Viele schlaue Köpfe haben versucht, zwischenmenschliche Verständigung zu beschreiben und zu entschlüsseln. Alle sind sich einig, dass Kommunikation immer und überall geschieht. Der Wissenschaftler und Philosoph Paul Watzlawick beschreibt treffend: Wir können nicht *nicht* kommunizieren. Was auf den ersten Blick wie ein Rechtschreibfehler wirkt, entpuppt sich als spielentscheidend für unsere Beziehung: Alles, was wir tun (oder auch nicht tun), „spricht“ zu unserem Partner. Er liest uns permanent und versucht, uns zu decodieren.

Dabei hört er nicht nur unsere Worte – sondern auch alles andere. Aufgrund von Untersuchungen können wir davon ausgehen, dass rund 80 Prozent unserer Kommunikation durch Körpersprache und nur 20 Prozent durch fachlichen Inhalt geschehen. In diesen Bereich fallen Berührungen, Gesten (Geschenke), Stimme, nonverbale Geräusche, Zeit, Engagement. Es gilt: „Taten sprechen lauter als Worte!" Im Alltag spricht, was wir tun oft so laut, dass unser Partner nicht hört, was wir sagen. In der partnerschaftlichen Kommunikation ist es immens wichtig, das zu verstehen.

So gesehen müssen wir nicht Kommunikation erlernen (Wir kommunizieren fortwährend und können nicht damit aufhören!), sondern *nähestiftende Kommunikation.* Denn unsere Signale fördern entweder Distanz oder Nähe – und wir wünschen Letzteres.

WIE MACHT IHR DAS?

Unser Ziel ist, nähestiftend mit unserem Partner zu kommunizieren.

→ Welche nonverbalen Gesten eures Partners empfindet ihr als nähestiftend?
→ Welche empfindet ihr eher als distanzstiftend?
→ Was konntet ihr bereits übereinander lernen? In welchen Situationen entstehen zwischen euch noch Fragezeichen?
→ Was könnt ihr praktisch tun, um eure nähestiftende Kommunikation zu fördern und distanzstiftende Elemente zu reduzieren?

EINE WELT, UNZÄHLIGE PERSPEKTIVEN

„Konstruktivismus" – puh! Dieses Wort klingt so einladend wie ein Verkehrsunfall. Doch das Thema ist spannend! Konstruktivismus beschreibt eine philosophische und wissenschaftliche Perspektive, die für zwischenmenschliche Beziehungen entscheidend ist. Sie erklärt, dass unser Verständnis von Wirklichkeit von uns selbst erzeugt (konstruiert) wird und nicht *der Realität* entspricht. Mit anderen Worten: Jeder von uns sieht die Welt nicht so, wie sie ist, sondern so, wie wir selbst sind. Jeder Mensch erfährt seine eigene Wahrheit und Realität, da sich unsere Wahrnehmung und Vorprägung unterscheiden. Unsere Interpretationen sind nicht objektiv, sondern subjektiv. Auch in der Partnerschaft sieht jeder seine eigene Welt und nicht beide Partner die gleiche. Auch wenn beide etwas gemeinsam wahrnehmen, erleben sie es aus exklusiven Perspektiven. Es gibt kein einmütiges, objektives Wahrnehmen. Jeder der Partner erlebt oder interpretiert anders und konstruiert damit seine eigene Sicht (Wirklichkeit). Den anderen kennenzulernen, heißt demnach auch, seine Realitätssicht zu erkennen und die eigene Sicht zu hinterfragen.

Für unser Thema können wir festhalten, dass wir einander nicht objektiv hören, sondern „wie wir sind". Beide müssen sich auf den Gedanken einlassen, für die eigene Sicht sehend, jedoch für die Sicht des Partners blind zu sein. Dies verändert unsere Haltung. Es wird möglich, unterschiedliche Perspektiven nebeneinander wahrzunehmen, eine gemeinsame Sicht aufzubauen und auf eine höhere kommunikative Ebene (jenseits von „ich habe recht") vorzustoßen. Wir können schnelle Urteile vermeiden, uns bemühen zu verstehen und offene Gespräche führen. Dies bedeutet, die Sicht des Partners zu respektieren und wertzuschätzen, auch wenn sie uns fremd erscheint. So wird die Kommunikation authentisch, tief und bedeutungsvoll. Wir erkennen an, dass es nicht nur „Richtig" oder „Falsch" gibt. Dieser Gedanke ist die Grundlage für alle folgenden Kommunikationsmodelle.

HILFE – MEIN PARTNER HAT VIER OHREN!

Das Vier-Ohren-Modell beschreibt, was wir aus einer Mitteilung herausziehen. Der Kommunikationswissenschaftler Schulz von Thun zeigt auf, dass jede Nachricht von uns auf vier unterschiedliche Arten gehört werden kann. Das heißt, unser Hören kann auf einer Ebene stattfinden, die der Sender gar nicht ansprechen wollte. Durch Unachtsamkeit, innere Angespanntheit, Erschöpfung oder gar ein minderwertiges Selbstbild kann jede Mitteilung, unabhängig davon, wie sie gemeint ist, auch anders gehört werden. Die vier Ebenen bezeichnet Schulz von Thun auch sinngemäß als „Ohren“: Wir können auf dem Sach-Ohr (Welche Information gibt der Mitteiler?), dem Selbstoffenbarungs-Ohr (Was zeigt der Mitteiler über sich?), dem Beziehungs-Ohr[16] (Was hält der Mitteiler von mir?) oder dem Appell-Ohr (Was will der Mitteiler von mir?) hören.

Wir spielen diese vier Hörarten beispielhaft durch. Rufe ich Kim von unterwegs an und frage: „Hast du heute schon an mich gedacht?“, könnte sie das als **Sachfrage** verstehen: „Kristian möchte von mir wissen, ob ich heute an ihn gedacht habe.“ Diese Informationsabfrage kann sie mit *Ja, Nein* oder *weiß nicht mehr* beantworten.

Achtet Kim meine Frage als **Selbstoffenbarung**, könnte sie verstehen: Kristian scheint heute ein Bedürfnis nach Aufmerksamkeit und Bestätigung zu haben. Mit dieser Frage offenbart er seinen Wunsch, dass ich an ihn denke.

Hört Kim eine **Beziehungsfrage**, könnte sie verstehen: Kristian möchte mir zeigen, dass er uns für Partner hält, die häufig aneinander denken. Oder negativ gedeutet: Kristian unterstellt mir mit dieser Nachfrage, dass ich nicht so häufig an ihn denke wie er an mich und dass mir unsere Beziehung weniger wichtig ist als ihm.

Vermutet Kim einen **Appell**, könnte sie verstehen: Kristian fordert mich auf, öfter an ihn zu denken. Er möchte, dass ich ihn mehr als Partner bestätige.

Jede Nachricht unseres Partners (auch Schriftliches und Nonverbales) kann also von uns anders gehört werden, als sie gemeint war. Um Fehlinterpretationen (und Clinch) zu vermeiden, ist Nachfragen der beste Weg. Auch die Erkenntnis, dass wir unter Stress noch leichter die Hör-Ebenen vermischen, ist hilfreich.

Das Beste ist, uns in Selbsteinschätzung zu üben. Wissen wir, was für ein Hör-Typ wir sind? Auf welchem Ohr hören wir meistens? Und warum? Und wie steht es mit unserem Partner?

Kristian: Kim und ich fallen gerne darauf rein, eine sachlich gestellte Frage als Appell zu hören. Wir fühlen uns dann aufgefordert zu handeln, geraten unter Druck oder beginnen, uns zu rechtfertigen. Eine Bemerkung wie: „Die Milch ist alle", klingt dann wie ein Vorwurf (du hast nicht gut eingekauft!). Oder wie ein Aufruf (kümmere dich darum!). Auch wenn das manchmal komisch klingt, haben wir uns angewöhnt nachzufragen: „Schatz, du sagst, die Milch ist alle – möchtest du, dass ich diesen Missstand behebe, oder wolltest du mich nur informieren?"

KOMMUNIKATIONSHÜRDEN MEISTERN

In unseren Beziehungen tauschen wir täglich Informationen aus, die Prozesse beeinflussen. Zwischen Sendung und Wirkung liegen dabei etliche Hürden. Es gilt: Gedacht heißt nicht gesagt.
Gesagt heißt nicht gehört.
Gehört heißt nicht verstanden.
Verstanden heißt nicht einverstanden.
Einverstanden heißt nicht umgesetzt.
Umgesetzt heißt nicht beibehalten.[17]

Diese Beobachtungen ermutigen uns, klarer und präziser miteinander zu sprechen und einander aktiv, respektvoll und engagiert zuzuhören. Diese Hürden schauen wir uns jetzt genauer an.

Gedacht heißt nicht gesagt. Wollen wir gehört werden, müssen wir den Mut finden, unsere Gedanken aktiv mitzuteilen. In einer Partnerschaft spielt das direkte Gespräch dabei die Hauptrolle. Sich unserem Partner gegenüber verbal zu äußern, fällt uns allerdings unterschiedlich leicht, weil jede Äußerung auch eine Selbstoffenbarung ist und uns verletzlich macht. Unsere Mitteilungen bleiben deswegen manchmal Gedanken.

Kim: Diese Hürde ist mir bekannt. Oft scheitere ich daran, meine Gedanken klar auszusprechen, und wünsche mir von Herzen, dass Kristian mich ohne Worte versteht. Manchmal bin ich sogar der festen Überzeugung, wir hätten

Dinge schon besprochen, und entscheide dann aufgrund der Antwort, die ich mir vorstelle. Seltsam, oder? Doch ich weiß auch warum: Ich finde es fürchterlich, missverstanden zu werden oder ein Nein zu hören. Diese Sorge hindert mich, Dinge konkret anzusprechen.

Gesagt heißt nicht gehört. Befindlichkeiten, Lärm oder andere Ablenkungen beeinflussen unser Zuhören. Der Alltagsstress ist ein Sumpf, in dem wichtige Informationen gerne untergehen. Um einander zu hören, ist außerdem das Vertrauen in die positive Absicht des anderen unabdingbar. Denn Vorurteile oder inneres Misstrauen wirken als Filter und lassen uns hören, was wir ohnehin schon erwarten. Der Partner wird so zum Spiegel unserer negativen Annahmen.

Kim: Um sicherzustellen, dass wichtige Mitteilungen ankommen, schreiben wir uns Zettel, helfen einander mit Notizen im Kalender oder erinnern uns per SMS.

Gehört heißt nicht verstanden. Der Prozess des Verstehens ist tückisch. Jeder Mensch hat eigene Wahrnehmungsraster, die seine Interpretation beeinflussen. Was für den Sender eine klare und eindeutige Botschaft ist, kann für den Empfänger verwirrend, schwer nachzuvollziehen oder vieldeutig sein. Nachfragen kann unser Verstehen und Verstandenwerden erhöhen. Dazu braucht es ein Klima, in dem Fragen nicht als Schwäche gewertet, sondern um einer Klärung willen vom Partner begrüßt werden.

Kristian: Nachfragen ist besser als Spekulieren – besonders wenn es um wichtige Ereignisse geht. Kim sollte neulich einen Kunden über ein kommendes Projekt abklopfen. Die Aufgabe war, herauszufinden, wie ausgeprägt sein Interesse an unserem Coachingangebot ist. Abends sagte sie: „Das Gespräch mit dem Kunden war gut. Er möchte noch darüber nachdenken, wie der Change-Prozess gut verlaufen kann."

Was Kim meinte: Der Kunde hat zugesagt, bitte sprich mit ihm über Details.

Was ich hörte, war: Es war ein „gutes" Gespräch, doch der Kunde braucht noch mehr Zeit und möchte sich nicht festlegen.

Wir haben klassisch aneinander vorbei kommuniziert. Nachfragen kann helfen: „Kim, was meinst du damit, dass es ein gutes Gespräch war? Was bedeutet es, dass der Kunde nachdenken möchte?“ Indem wir nachfragen, erhöhen wir die Wahrscheinlichkeit zu verstehen, was der andere wirklich gemeint hat – und verpassen keine Jobs!

Verstanden heißt nicht einverstanden. Auch wenn unser Partner uns verstanden hat, bedeutet das nicht automatisch, dass er einverstanden ist. Unterschiedliche Meinungen sind normal und ein Motor für unsere Entwicklung. Wir sollten sie nicht herunterzuschlucken, sondern offen kommunizieren. Gleichzeitig können wir einander Vertrauen und Zutrauen für eine gemeinsame Lösung ausdrücken.

Kristian: Oft haben wir gewagt, bei Unstimmigkeiten einander den Vortritt zu geben. Unser gegenseitiges Vertrauen ist durch die Jahre dadurch gestärkt worden. Das zählt, denn die meisten Kämpfe sind unerheblich und die Mühe nicht wert. Geholfen hat uns auch, die andersartige Perspektive erst mal zu akzeptieren und die Erwartung loszulassen, der Partner müsse unserer Meinung sein. Unstimmigkeiten müssen nicht immer sofort geklärt werden. Wir können Zeit vergehen lassen und vertrauen, dass gegenseitiges (Ein-)Verständnis auf unterschiedliche Weise zustande kommt.

Einverstanden heißt nicht umgesetzt und umgesetzt heißt nicht beibehalten. Einverständnis garantiert keine gelungene Umsetzung. Im Guten und Schlechten prägen uns Gewohnheiten. Sie helfen, vieles effektiv nebenbei zu erledigen. Aber sie erschweren, Veränderung anzustoßen, durchzuziehen und beizubehalten. Wollen wir Vereinbarungen und Neuerungen in unsere Beziehungen integrieren, erfordert dies Engagement, Disziplin und kontinuierliche Anstrengung beider Partner.

Kim: Für uns war die Erziehung unserer Tochter so ein Lernfeld. Liv hatte eine Fixierung auf mich entwickelt, was wir gerne verändert sehen wollten. Wir überlegten und einigten uns auf eine gemeinsame Strategie. Diese umzusetzen, erwies sich im Alltag aufwendiger als gedacht, weil unsere Gewohnheiten gegen uns standen. Erst über einen längeren Zeitraum und mit viel Energie konnten wir eine Weichenumstellung erreichen.

WIE MACHT IHR DAS?

→ Wo findet ihr eure Partnerschaft in diesen Kommunikationshürden wieder?
→ Bei welchem dieser Kommunikationsschritte seid ihr am meisten herausgefordert?
→ Welche Maßnahmen könnten euch helfen?

AKTIVES ZUHÖREN – DIE BASIS DER BASIS

Achtsames Zuhören ist ein Geschenk: Jeder Mensch kennt den Wunsch, dass uns einfach mal jemand zuhört. So können wir Gedanken entwirren, uns etwas von der Seele reden, Ideen durchdenken und uns mitteilen. Gleichzeitig ist Zuhören der wohl kritischste Faktor einer gelungenen partnerschaftlichen Kommunikation. Der Psychologe Carl Rodgers untersucht das Problem und spricht von der Notwendigkeit des *aktiven Zuhörens*. Dazu beschreibt er vier Zuhörertypen mit unterschiedlichen Strategien. Wir stellen sie euch vor.

Der Weghörer: Beim Zuhören hört er weg. Sein Abkapseln geschieht bewusst oder unbewusst. Diese Variante finden wir in erloschenen Partnerschaften. Die Hoffnung, etwas Spannendes oder (für die Beziehung) Wichtiges zu hören, wurde aufgegeben.

Der selektive Hörer: Er hört den anderen nur in Teilen und ist nicht offen für die gesamte Mitteilung. Er filtert heraus, was zum Erreichen seiner Ziele wichtig erscheint, oder was seine Vorannahmen bestätigt. Diese Variante finden wir in distanzierten Partnerschaften.

Der bewertende Hörer: Er hört zu, doch führt gleichzeitig innere Dialoge, um sich eine Antwortstrategie zurechtzulegen. Ihm ist wichtig, als der bessere Redner aufzutreten oder Probleme zu lösen. Diese Variante finden wir in konfliktreichen oder versachlichten Partnerschaften.

Der aktive Zuhörer: Er lässt sich vollkommen auf sein Gegenüber ein, ohne dessen Mitteilung zu bewerten oder an einer Antwort zu feilen. Sein primäres Ziel ist, das Gegenüber ganzheitlich wahrzunehmen und zu verstehen. Seine zuhörende Haltung wird so zur primären Antwort. Der Mitteiler kann sich entspannen und öffnen. Er fühlt sich sicher und wahrgenommen. In einer Partnerschaft kann dies einen kostbaren Moment der Begegnung und gemeinsamen Verletzlichkeit auslösen.

Aktives Zuhören unseres Partners schenkt uns die Erfahrung, wahrgenommen zu werden und somit einen partnerschaftlichen Anker und Verbindungspunkt.

Kristian: Eine Zeit lang arbeitete Kim in einem sozial extrem fordernden Job. Wenn sie nach Hause kam, war sie überfüllt von erstaunlichen, aber auch tragischen Erlebnissen. Um ihr den Übergang in den Feierabend zu erleichtern, gewöhnte ich mir an, sie mit der Frage: „Wie war dein Tag – erzähl mir alles!“ zu begrüßen. Die nächsten fünfzehn Minuten hörte ich ihrem Luftmachen aufmerksam zu und teilte so die Last des Tages mit ihr. Das war wichtig für uns, um gemeinsam in die zweite Hälfte des Tages zu starten.

Kim: Kristian denkt laut und findet Lösungen, während er redet. Ich bin anders: Längeres Zuhören fällt mir schwer und ich brauche schnell Ergebnisse. Um abzukürzen, habe ich ihn oft mit Ratschlägen bombardiert und nicht bemerkt, dass er etwas anderes sucht. Heute weiß ich, meine aufmerksame Anwesenheit reicht ihm oft und bringt ihn weiter. Meine Aura des Zuhörens scheint Inspiration, Mut, Hoffnung – und Lösungen bei ihm freizusetzen.

Jeder von uns kann die von Rodgers beschriebenen vier Zuhörertypen gleichzeitig in sich tragen, in bestimmten Situationen gewinnt dann möglicherweise einer Vorrang. Im Alltagsgeschehen sind wir selektive Hörer und müssen auch das Weghören beherrschen. Beim Job oder bei der Umsetzung eines Projekts sind wir bewertende Hörer, denn hier geht es darum, konkret voranzukommen. Aktives Hören wird in Beziehungen oder sozialen Zusammenhängen wichtig und ist in einer Partnerschaft Grundlage für ein tiefgehendes Verständnis. Somit hat jede Art des Hörens ihren Platz.

WIE MACHT IHR DAS?

→ In welcher der vier beschriebenen Zuhörertypen findet ihr euch wieder?
→ In welchen (partnerschaftlichen) Situationen neigt ihr zu unterschiedlichen Zuhörertypen?
→ Kennt ihr den Wunsch, dass euer Partner euch aktiv zuhört? Woran würdet ihr merken, dass er dies tut? Was würde das bei euch auslösen?

PARTNER-SPRECH LERNEN

Nach dieser allgemeinen Beschreibung kommunikativer Hürden beschäftigen wir uns im Folgenden mit persönlichen Vorlieben und Eigenarten. Sowohl unsere Wahrnehmung als auch die Mitteilungsart unseres Partners sind individuell und einzigartig. Wir kommunizieren miteinander nicht neutral, sondern *wie wir sind.*

Betrachten wir die Mitteilungsart unseres Partners: Sie ist verankert durch seine Kultur, Sozialisation, Vorlieben und andere Merkmale. Kennen wir den speziellen „Sprech" unseres Partners? Das ist wichtig. Denn fühlt er sich in „seiner Sprache" gehört und verstanden, öffnet sich sein Herz! Was bedeutet also ein Schweigen, eine Gestik, ein Blick oder Tonfall? Kann sein „Ja" in Wirklichkeit „Nein" oder „lieber nicht" bedeuten? Um das verstehen zu lernen, müssen wir zusammenarbeiten, denn die Verantwortung für nähestiftende Kommunikation liegt bei beiden. Als Sprecher geben wir unser Bestes, *gehört* zu werden und als Hörer unser Bestes, zu *hören.*

Kristian: Kim zu verstehen, war vor allem in den ersten Jahren kein Selbstläufer. Was sie sagt und was sie sich wünscht, kann sich unterscheiden. Man könnte meinen, Kim spricht um die Ecke. Dies mag auch daran liegen, dass sie im britischen Kulturzusammenhang aufgewachsen ist. Höflichkeit spielt hier eine größere Rolle als Ehrlichkeit. Zumindest würde ich das aus deutscher Sicht so ausdrücken. Ich bin anders und trage meine Meinung offen vor. Doch wenn sich Offenheit und Höflichkeit treffen, gibt es Missverständnisse. Als ich versuchte, den Kim-Code zu knacken, wurde mir klar, dass die Verantwortung bei uns beiden liegt. „Kim, du bist die einzige Expertin in Sachen Kim. Wenn du willst, dass ich dich verstehe, musst du mir Kim-Sprech beibringen!" Erst als wir uns beide darauf einließen, die Verantwortung für nähestiftende Kommunikation zu übernehmen, kamen wir weiter.

WIE MACHT IHR DAS?

- → Kennt ihr häufige Missverständnisse? Vielleicht steht ihr vor der gleichen Herausforderung, den „Sprech“ eures Partners zu lernen?
- → Wenn du möchtest, bitte ihn, dir zu helfen, „Partner-Sprech“ zu lernen.
- → Was könnte dein Partner dafür tun?
- → Welche Verantwortung liegt bei dir?

DIE SPRACHEN DER LIEBE

Innerhalb einer Lebenspartnerschaft ist es nötig, täglich praktische Details und Informationen auszutauschen. Wir haben schon besprochen, welche Schlaglöcher uns dabei erwarten und wie wir lernen können, einander zu verstehen. Jetzt wenden wir uns dem wohl wichtigsten Inhalt unserer Kommunikation zu – unserer Liebe. Denn Zuneigung und Liebe ist der wohl hauptsächliche Antrieb für die gemeinsame Reise. Begleitet von Glückshormonen wachsen wir zu Beginn, in der Verliebtheitsphase, über unsere normale Fähigkeit hinaus, Zuneigung zu kommunizieren. Selbst kleinste Gesten oder ein Lächeln empfinden wir als aufregende Signale der Hinwendung. Wir überschütten einander mit Innigkeit und deuten alle Geschehnisse durch eine rosa Brille.

Beim Übergang von Verliebtheit zur Liebe beginnen wir, den Partner realistischer wahrzunehmen. Wir sehen mehr, wer er wirklich ist, als, was wir in ihm sehen wollten. Die sich entwickelnde Liebe ist im Gegensatz zur Verliebtheit kein hormoneller Selbstläufer, sondern wird durch aktive Entscheidungen, wachsende Überzeugungen und faktische Taten mit Leben erfüllt. Verliebtheit ist mehr ein Gefühl, Liebe dagegen manifestiert sich im Handeln.

Um der gemeinsamen Liebe ein Haus zu bauen, müssen wir verstehen lernen, auf welchem Kanal unser Partner Zuneigung sendet und versteht. Der Autor Gary Chapman spricht von persönlichen Liebessprachen.[18] Um besser zu verstehen, wie mein Partner seine Verbundenheit ausdrückt, schlägt Chapman vor, dessen Liebessprache zu erlernen, da sie vermutlich die gesamte Kommunikation in der Partnerschaft prägt. Diese Liebessprache können wir mit einer Muttersprache vergleichen. Wenn zwei Menschen mit unterschiedlichen Muttersprachen aufeinandertreffen, wird nähestiftende Kommunikation erschwert. Für einen optimalen Austausch müssen also beide Partner die Mutter-Liebessprache des Anderen verstehen lernen. Dazu kann eine gute Einstiegsfrage sein: Weiß ich, wie mein Partner seine Zuneigung gerne kommuniziert und in welcher Sprache er meine Zuneigung am besten hört?

Wir stellen euch die von Chapman beschriebenen fünf Liebessprachen hier vor und kommentieren sie. Dabei wird nochmals deutlich, dass auch beim Ausdrücken der Liebe die nonverbale Kommunikation im Vordergrund steht: Taten sprechen lauter als Worte. Nicht die Hollywood Phrase „Ich liebe dich" zählt, sondern die täglichen Taten. Dies gilt für alle Typen!

Typ eins kommuniziert Liebe über Lob, Wertschätzung und Anerkennung. Menschen mit dieser Beziehungssprache loben andere für große und kleine Dinge. Sie bemerken tolle Leistungen bei anderen und haben die Gabe, sie zu benennen. Mit lobenden und anerkennenden Worten kommunizieren sie ihren Respekt, ihre Liebe und ihre Anerkennung. Dem Lob-Typ fällt sein Verhalten oft gar nicht auf. Für ihn ist es selbstverständlich, Menschen mit Wertschätzung zu belohnen. Dies drückt er verbal, aber auch nonverbal, wie durch liebevolle Gesten aus.

Kristian: Kim fällt in diese Kategorie. Sie schenkt ihrem Umfeld beständig Anerkennung und wirkt ermutigend und stärkend. Gleichzeitig wünscht sie sich aber auch, Wertschätzung zu empfangen. Dies birgt Konfliktpotenzial, denn Kims Hauptliebessprache ist bei mir wenig wirkungsvoll. Ich reagiere kaum auf Lob und muss mich eher anstrengen, Wertschätzung auszudrücken. Nehme ich Kim für selbstverständlich und versäume, anzuerkennen, was sie für eine großartige Partnerin sie ist, ziehen Gewitterwolken auf. Hier habe ich ein Übungsfeld.

Typ zwei fühlt sich bei intensiver und ungestörter Zweisamkeit geliebt und respektiert. Er wünscht sich, Zeit bewusst gemeinsam zu verbringen, und blüht durch uneingeschränkte Aufmerksamkeit auf. Durch das Schenken von Momenten der exklusiven Nähe weiß er sich gesehen und geschätzt.

Kim: Zeiten der exklusiven Nähe sind für uns beide gleichermaßen wichtig. Nicht unbedingt, weil dies unsere besondere Liebessprache ist, sondern weil unser Miteinander sonst nicht langfristig funktionieren würde. Innerhalb des Wochenzyklus haben wir verschiedene „Treffpunkte" installiert, um Momente der Zweisamkeit zu erleben. Einer davon ist unser Partnerschaftsvormittag, den wir pflegen, seit wir uns kennen.

Typ drei kommuniziert über bedeutsame Geschenke. Solche Aufmerksamkeiten drücken Sympathie und Aufmerksamkeit aus. Der materielle Wert spielt dabei eine untergeordnete Rolle. Der Geschenk-Typ schätzt es, wenn ein passendes Mitbringsel liebevoll ausgesucht wird. Für ihn ist es ein Zeichen der Wertschätzung, wenn sich jemand bei der Auswahl Zeit für eine gelungene Überraschung nimmt.

Kim: Unsere Tochter ist der Geschenke-Typ. Bringen wir ihr nach einem Wochenendjob oder einem langen Arbeitstag etwas mit, blüht sie auf. Sie weiß: Obwohl wir weg waren, haben wir an sie gedacht. Es kann auch etwas Kleines, wie ein Brötchen, eine Packung Kaugummi oder ein Aufkleber sein.

Kristian und ich unterscheiden uns beim Thema schenken. Ich kann mich schon sehr über kleine oder größere Mitbringsel freuen. Kristian macht sich hingegen nicht viel daraus und erwartet so etwas nicht. Da ich gerne schenke, kann es mich nerven, wenn er sich dann nicht so freut, wie ich es für angemessen halte.

Typ vier kommuniziert seine Liebe über Unterstützung und Hilfsbereitschaft. Menschen mit dieser Liebessprache suchen nach Möglichkeiten zu helfen und denken aufmerksam für andere mit. Sie unterstützen leidenschaftlich gerne und kommunizieren ihrem Umfeld auf diese Art ihre Zuneigung. In einer Partnerschaft geht es dabei meist nicht um die Größe einer Hilfeleistung, sondern um beständiges Unterstützen.

Kristian: Teil meiner Liebessprache ist, Kim meine Hilfsbereitschaft zu signalisieren und ihr konkrete Aufgaben abzunehmen. Spannenderweise schätzt Kim meine Angebote nicht immer. Ja, im Gegenteil: Es fällt ihr schwer, Hilfe anzunehmen. Ihr Selbstbild ist, stark zu sein, und geprägt durch den Satz: „Das schaffe ich allein." Manchmal trägt sie lieber zwei schwere Einkaufstüten in den vierten Stock, anstatt mich darum zu bitten. Erstaunlich! Es ist also gar nicht so leicht, ihr meine Liebe auf diese Art zu zeigen, da sie unter keinen Umständen als schwach oder unfähig erscheinen möchte.

Typ fünf drückt seine Liebe durch Zärtlichkeit und Berührung aus. Körperkontakt vermittelt ihm das Gefühl von Verbundenheit. Er *fühlt* so die Qualität der Beziehung. Eine zärtliche Berührung schätzt er mehr als ein Wort und sieht sie als Liebesbeweis.

Kim: Berührung ist für Kristian eine Liebessprache. Zuneigung spürt er durch Körperlichkeit. Im Alltag sind ihm eine Umarmung, Hände halten oder ein Kuss wichtig. Manchmal ist mir das zu viel, denn unter Stress empfinde ich Berührungen schnell als Grenzüberschreitung. Als Sonderschullehrerin erlebe ich in der ersten Hälfte des Tages viel Körperkontakt. Nach der Arbeit möchte ich erst mal von niemandem mehr berührt werden. Anfangs habe ich diese Dynamik selbst nicht verstanden und Kristian das Gefühl vermittelt, ihn abzulehnen. Jetzt, wo wir erkannt haben, wie wir beide im Bereich Körperkontakt funktionieren, ist das kein Problem mehr. Er hat gelernt, mir Raum zu geben, wenn ich ihn brauche und ich, meine Zuneigung dann anders zu kommunizieren.

Findet ihr euch in der Vorstellung der fünf Typen sofort wieder? Genauso ist es möglich, dass eure Präferenzen ineinander übergehen oder sich mischen. Meist haben wir einen Haupttyp und ein oder zwei Untertypen. Es ist gut, sich selbst, aber auch unseren Partner einschätzen zu können. Wissen wir um die Mutterliebessprache(n) unseres Partners, können wir aufeinander eingehen und Wertschätzung und Liebe für ihn greifbar ausdrücken. Wichtig ist auch, dass wir mitunter in einer anderen Liebessprache „hören", als wir uns ausdrücken.

DIE ZWEI UND DIE SPRACHEN DER LIEBE

Lasst uns an dieser Stelle nochmals einen Blick in den Garten Eden und zur Schöpfungsgeschichte riskieren. Denn hier erleben wir eine Überraschung: Der Schöpfer kommuniziert seine Liebe in allen fünf Liebessprachen.

Zunächst hört der Mensch von ihm: Du bist sehr gut! Diese Worte drücken *Wertschätzung und Anerkennung* aus. Die Feststellung ist bedingungslos und geschieht, bevor der Mensch etwas tun kann, was Anerkennung verdient hätte. Zusätzlich vermittelt Gott Wertschätzung, indem er segnet und zur Vermehrung auffordert: „Mensch, du bist so toll, dass ich mehr von dir wünsche."

Der Schöpfer liebt durch *Zweisamkeit.* Er nimmt sich Zeit für den Menschen, ist präsent und sucht das Gespräch.

Auch *bedeutsame Geschenke* kommunizieren die Liebe des Schöpfers. Niemand hat je mehr, gezielter und bedeutsamer geschenkt als er: Die ganze Schöpfung erhält der Mensch von ihm. Ein Geschenk, das seinesgleichen sucht!

Hilfsbereitschaft und Unterstützung sind ebenfalls Signale seiner Liebe. Der Schöpfer fragt nach und zeigt sich zugänglich. Außerdem vermittelt er die Gabe der Partnerschaft und schenkt dem ersten Menschen eine Hilfe, die zu ihm passt.

Und die Liebe des Schöpfers drückt sich auch durch *Zärtlichkeit und Berührung aus.* Obwohl er alles andere mit Worten schafft, formt er den Menschen durch Berührung und erweckt ihn durch Einhauchen von Leben. Sowohl Berührung als auch Einhauchen drücken intime Nähe aus.

DIE REIFEPRÜFUNG UNSERER KOMMUNIKATION

Wir schauen nun auf einen kritischen Bereich unserer Kommunikation: Konflikte. Hier ist unsere Fähigkeit, nähestiftend zu kommunizieren, maximal gefordert.

KONFLIKTKULTUR-MANAGEMENT

Konflikte sind in Partnerschaften normal und bieten uns die Chance auf eine Beziehungsvertiefung. Unser Ziel ist demnach nicht die Vermeidung von Konflikten, sondern ein guter Umgang damit.

Eine Unstimmigkeit entwickelt sich meist, weil wir den Standpunkt des anderen nicht verstehen. Die partnerschaftliche Kommunikation wird herausgefordert und durchläuft einen ungewollten Stresstest. Da klar ist, dass solche Situationen entstehen werden, werben Kim und ich dafür, dass Paare proaktiv eine gesunde Konfliktkultur entwickeln. Sie hilft uns, Ärger früh zu erkennen, sinnvoll anzusprechen und aufzulösen. Die Fähigkeit, nähestiftend zu kommunizieren, ist dabei zentral.

Die folgenden Gegenüberstellungen zeigen Spannungen auf, die uns in Konflikten begegnen. Sie werden euch unterschiedlich ansprechen. Beim Lesen könnt ihr darüber sprechen und am Ende vereinbaren, an welchem Punkt ihr weiterkommen möchtet und wie konkrete Schritte aussehen.

EINANDER ZUR MITTEILUNG ERMÄCHTIGEN

Um einen Konflikt gut aufzulösen, müssen beide Seiten mitteilungsmächtig sein. Was heißt das? Dem Menschen ist die Gabe der Mitteilung verliehen. Wir können uns unterschiedlich und kreativ ausdrücken. Diese Macht verleiht uns Würde und ermöglicht uns, die Umwelt zu gestalten. In einer sicheren Kommunikationskultur sind beide ermächtigt, sich unbefangen, angstfrei und couragiert mitzuteilen. Dies ist die Basis einer gesunden Partnerschaft. Unter Umständen schränken Unsicherheit, ein introvertiertes Wesen, ein Machtgefälle oder Erziehung die individuelle Ausdrucksfähigkeit ein. Empfinden wir uns als Team, sorgen wir dafür, dass beide die Möglichkeit haben, sich auszudrücken und ihre Sicht vorzustellen. Wir wollen einander hören und zur Mitteilung ermächtigen.

Kristian: Ich muss hier an meine Eltern denken. Ich glaube nicht, dass meine Mutter meinen Vater fürchten musste – aber sie fühlte sich auch nicht frei und bevollmächtigt, ihre Sicht mitzuteilen. Nicht, weil mein Vater sie nicht hören wollte, sondern weil er oft zu gestresst war, um zuzuhören. Entscheidungen sollten schnell und effizient geschehen. Für Träume und Ideen war dann kein Platz. In diesem Sinn hatte bei uns nur mein Vater die Macht der Mitteilung.

Mitteilungsmächtig zu sein bedeutet, dass wir die vom Schöpfer verliehene Würde, uns auszudrücken, wahrnehmen können. Es geht nicht darum, wie Entscheidungen letztlich zustande kommen, sondern um die Befähigung des Sprechers.

WIE MACHT IHR DAS?

→ Woran würdet ihr merken, dass jeder in der Familie die Freiheit und den Raum hat, seine Sicht unbefangen mitzuteilen und gehört zu werden?
→ Woran würdet ihr merken, dass es eine (unausgesprochene) Rangordnung gibt?
→ Wie könnt ihr Befangenheit abbauen und einander ermächtigen?

VERWUNDERUNG UND PRÄFERENZEN STATT BESCHWERDEN-DUMPING

Nicht immer können wir die Regungen unseres Partners nachvollziehen. Anstatt uns zu ärgern, voreilige Schlüsse zu ziehen oder den anderen in eine Schublade zu stecken, können wir unsere Verwunderung konstruktiv ausdrücken: „Das überrascht mich etwas. Ich frage mich, warum du das getan hast?" Mit so einer Formulierung gehen wir vom Besten aus, statt Kritik zu äußern. Unsere Nachfrage ist gewaltfrei, übt keinen Druck aus und bietet dem Partner Raum, sich zu erklären.

Dabei beachten wir, ihn zeitgleich wissen zu lassen, welches Verhalten wir bevorzugen würden. Einander mitzuteilen, was wir nicht möchten, ist leicht – doch was wünschen wir uns stattdessen? Sich beschweren, ohne zu erklären, was wir anderes wünschen, heißt Verantwortung wegzuschieben. Unsere Wünsche konkret zu benennen, kostet uns mehr Energie und macht uns verletzlich. Dabei ist dies die einzige Möglichkeit, Veränderung konstruktiv zu steuern.

Kristian: Ich bin leider schnell dabei, meine Beschwerden bei Kim abzuladen. In dem Moment fühle ich mich im Recht, aber ein paar Minuten später denke ich oft anders. Für mich ist Abkühlen ein gutes Mittel, um unnötige Beanstandungen zu vermeiden. Auch Verwunderung und Präferenzen zu äußern, hilft mir: „Kim, ich sehe, du hast bei der letzten Autofahrt einige Snacks zu dir genommen. Verstehe ich, die war ja auch lang ... Ich hoffe, es hat geschmeckt. Mir wäre es aber lieber, wenn du den entstandenen Müll danach entsorgst."

WIE MACHT IHR DAS?

→ Fällt euch das vorgeschlagene Vorgehen schwer? Warum?

→ Könnt ihr ein kürzlich geschehenes Beschwerden-Dumping benennen? Was wäre geschehen, wenn ihr stattdessen Verwunderung und Präferenzen geäußert hättet?

VERGEBUNG SUCHEN, STATT ZORN ANHÄUFEN

Vergebung ist die einzige Basis für eine langfristige Partnerschaft, während Zorn anhäufen sie zersetzt. Wollen wir gemeinsam gehen, benötigen wir die Vergebung unseres Partners und er die unsere. Eine gemeinsame Kultur der Vergebung muss eingeübt werden. Dabei hilft uns, Unstimmigkeiten zeitnah, aber in Ruhe anzusprechen und darauf zu achten, Versäumnisse des Partners nicht aufzurechnen.[19] Vergeben heißt, Schulden vom inneren Konto zu löschen.

Kristian: Kim und ich haben unterschiedliche Zugänge zum Thema Vergebung. Mir fällt es eher leicht und ich klammere mich selten an der Wut fest. Mir ist stets bewusst, wie sehr ich selbst daneben liege und auch Vergebung brauche.

Kim: Für mich ist Vergebung eine rationale Entscheidung, der die Emotionen folgen müssen. Innerhalb eines Konflikts kann ich mich ganz schön hochschaukeln – doch dass ich später vergeben werde, steht dabei immer fest. Dies führt manchmal dazu, dass, obwohl ich Kristian vergeben habe, ein „Nachzorn" weiter köchelt. Kristian hat gelernt, damit umzugehen. Für mich ist klar, dass ich letztlich fühlen werde, was mein Wille entscheidet. Manche denken, sie müssen Vergebung erst fühlen, damit sie echt ist. Das sehe ich anders. Meine Emotionen folgen, wo ich sie hinlenke.

WIE MACHT IHR DAS?

→ Welche Reaktionsmuster habt ihr im Zorn?
→ Fällt es euch eher schwer oder eher leicht, zu vergeben?
→ Was hilft euch, was hindert euch?
→ Kennt ihr das innere Schuldenkonto? Was würde euch helfen, die Schulden eures Partners dort regelmäßig zu löschen?

OFFENE KARTEN STATT SELEKTIVE KOMMUNIKATION

Jeder von uns hat eine eigene Agenda und kommuniziert selektiv. Wissen ist Macht. Um sie zu erhalten, betonen wir Dinge und spielen andere herunter oder verschweigen sie. Doch ohne die Weitergabe von Informationen nehmen wir dem Partner die Möglichkeit, mitzugestalten.

Auch hier hilft uns ein Bild aus der Bibel, nämlich der Aufruf, miteinander im Licht zu leben.[20] Wollen wir in einer Kultur der Schatten oder des Lichts miteinander die Lebenszeit verbringen? Wir müssen herausfinden, was das für unsere Partnerschaft bedeutet. Eine Selbstprüfung kann helfen: Halten wir unserem Partner gegenüber Informationen oder Emotionen zurück, die uns einen Vorteil verschaffen?

Kim: Beim Teilen von Informationen haben wir beide unterschiedliche Vorlieben. Mir fällt das Spiel mit offenen Karten aufgrund der hohen Lebensgeschwindigkeit und Informationsflut schwer. Ich selbst möchte nicht zu viele (unnötige!) Informationen bekommen. Dementsprechend gebe ich sie Kristian auch nicht. Für ihn hingegen ist es wichtig, alle Fakten zu kennen. So fühlt er sich einbezogen und wertgeschätzt. Früher empfand ich seinen ständigen Wunsch, auch Details zu erfahren, als Überwachung. Inzwischen ist mir klar, dass Informationen ihm helfen, Übersicht zu bewahren und zu entspannen. Unsere Unterschiedlichkeit führt dankenswerter Weise nur noch selten zu Konflikten und endet meist mit Lachen.

WIE MACHT IHR DAS?

→ Was kann der Gedanke, „miteinander im Licht zu leben“ für euch bedeuten?
→ Wann fällt es euch schwer, alle Informationen mit dem Partner zu teilen?
→ Welche Befürchtungen lassen euch Informationen beschönigen oder zurückhalten?

SCHWIERIGEN THEMEN EINEN SICHEREN RAHMEN GEBEN

Wisst Ihr, was ein Treppenhausstreit ist? Der Partner will gehen und wir nutzen den Moment und rufen ihm rasch noch nach, was uns schon seit Tagen stört. Mit einem Fuß auf der Schwelle beginnt die Diskussion, während die Nachbarn hinter den Türen lauschen und die Augen rollen. Ähnliches kann beim Abendbrot oder während einer Autofahrt geschehen. Wir merken: Konflikte werden selten nebenbei gelöst – sie benötigen einen sicheren Rahmen. Ein für beide guter Zeitpunkt, störungsfreier Raum, das Verwenden von Ich-Botschaften und liebevolles Erfragen und Weitergeben von Hintergrundinformationen können eine solche Umgebung schaffen.

Kristian: Um Konflikten einen sicheren Rahmen zu geben, benutzen wir drei Formate: Einen regelmäßigen Familienkreis, in dem jeder sagen kann, was er an der Familie gut findet und was er sich anders wünscht. Gemeinsames Spazierengehen, um besonders schwierige Themen zu besprechen, und unseren Partnerschaftsvormittag: Einen Vormittag die Woche haben wir für uns reserviert, schalten die Handys aus und sind nur füreinander da. Wir nehmen uns Zeit für Gott, sprechen über uns, genießen Zweisamkeit und geben, wenn nötig, wichtigen Projekten und Familienthemen Raum.

WIE MACHT IHR DAS?

Kennt ihr das Thema Treppenhausstreit?

→ Wie sieht für euch ein sicherer Rahmen für Aussprachen aus? Gibt es die Möglichkeit, diesen Rahmen regelmäßig in Anspruch zu nehmen? Sammelt Ideen und macht einen Plan.

WERTSCHÄTZUNG STATT MACHTSPIELE

Darwin beobachtet das Überleben des Stärkeren – in unseren Partnerschaften soll das nicht so sein. Wir wollen nie einen Streit, sondern den Partner gewinnen! Deswegen ist gewaltfreie Kommunikation und der Fokus auf Inhalte unabdingbar. Den anderen „unter den Tisch zu reden", einen scharfen Ton oder strengen Blick zu verwenden oder anderweitig zu manipulieren (durch Weinen, Rückzug, Liebesentzug etc.) stehen außer Frage. Auch Humor als Waffe einzusetzen, spöttische Bemerkungen über Aussehen, Benehmen oder Versagen des Partners zu machen, ist inakzeptabel. In Gegenteil: Wir machen uns verletzlich, achten darauf, dem Partner unsere Wertschätzung auszudrücken, auch wenn Meinungsverschiedenheiten bestehen bleiben. Es tut gut, sich in solchen Auseinandersetzungen, an unser eigenes Unvermögen zu erinnern und uns zu fragen: Sind wir im Recht – oder in der Liebe?

WIE MACHT IHR DAS?

Gibt es Momente, in denen ihr gegenüber dem Partner illegale Waffen einsetzt?

→ Welche sind es? Hat das in der Vergangenheit gute Ergebnisse gebracht?
→ Was müsste geschehen, damit ihr im Konflikt alternativ reagieren könnt?

AUGENHÖHE STATT ERZIEHUNGSVERSUCHE

Kennst du den innigen Wunsch, deinen Partner zu verändern? Die Versuchung ist groß, einander unterschwellig zu erziehen – doch der Partner ist nicht unser Kind! Beschulen wir ihn, erschaffen wir im schlimmsten Fall unser Ebenbild. Die Spannung und Attraktivität der Unterschiedlichkeit lösen sich auf und es bleiben Langeweile und Trott. (Denn zwei von uns ist einer zu viel!)

Um Partner im Sinn eines Teams zu werden, ist es wichtig, einander freizulassen. Zu jedem Zeitpunkt soll der andere das Gefühl der Selbstwirksamkeit und Selbstbestimmung haben. Doch gerade innerhalb von Konflikten neigen wir dazu, ein Kommunikationsgefälle herbeizuführen. Statt auf Augenhöhe zu bleiben, schlüpfen wir gegenüber dem Partner in eine elterliche Rolle (fürsorglich oder bestimmend) oder in eine kindliche (unreflektiert oder zornig). Beides verursacht ein Gefälle und ist wenig hilfreich.

Kristian: In unseren Anfangsjahren habe ich mich gegenüber Kim öfter elterlich benommen und versucht, sie zu erziehen (wie peinlich!). Ich schätzte mich irrtümlich als weiter entwickelt ein. Dann erlebte ich eine Offenbarung: Kim war mir in vielen Bereichen sogar voraus! Ihre Art zu leben funktionierte besser und ich konnte von ihr lernen. Das war krass! Heute bin ich dankbar für diese innere Zurechtweisung. Niemand sollte einen anderen Menschen ungefragt belehren oder sich über ihn stellen. Gleichzeitig hat Kim einen guten Umgang gefunden, wenn ich einen Erziehungs-Rückfall habe: Sie lacht. Eine angemessene Reaktion!

WIE MACHT IHR DAS?

Kennt ihr die Tendenz, den anderen erziehen zu wollen?

→ Hat dieses Verhalten in der Vergangenheit Nähe gestiftet oder Distanz geschaffen?
→ Welche Strategien könnten euch helfen, nicht in die Erziehungsfalle zu tappen?

SCHUTZRAUM STATT BLOßSTELLUNG BIETEN

Eine Partnerschaft ist ein exklusiver Bund zwischen zwei Menschen. Innerhalb dieses Bundes gelten Regeln und Absprachen, die wir nicht mit anderen treffen. Unser Partner weiß Dinge über uns und erlebt uns in Momenten, die anderen verborgen sind. Dies bringt ihn in eine Machtposition. Wir müssen vertrauen, dass er intime Details nicht leichtfertig preisgibt.

Gleichzeitig findet unsere Beziehung nicht im luftleeren Raum statt. Wir haben Familie, Freunde, Kollegen und sind Teil von Beziehungsnetzwerken. Was können wir hier öffentlich preisgeben, ohne unseren Partner zu kompromittieren? Er soll sich sicher fühlen, egal, ob anwesend oder nicht. Um eine rote Linie nicht zu überschreiten, können wir uns fragen: Würden wir, was wir jetzt preisgeben, auch teilen, wenn unser Partner dabei wäre? Oder: Wenn er den Austausch später als Video sieht, wäre er einverstanden?

Auch wenn die Partner grundsätzlich aufgeschlossen sind, ist es gut abzufragen, ob es Themen gibt, die der andere als komplett privat einstuft. Was geht für ihn zu weit und womit ist er entspannt? Gibt es Themen, die dazwischenliegen? Sind wir unsicher, können wir ihn konkret fragen.

„Ist es dir recht, wenn ich meiner Freundin von unserer finanziellen Situation erzähle? Es würde mir helfen, ihre Perspektive zu hören."

„Neulich kam mit meinen Kumpels das Thema Sex auf und einige haben erzählt. Ich hätte auch gerne was gesagt, war aber unsicher, ob das für dich okay gewesen wäre? Wie stehst du dazu?"

„Ich würde gerne mit meiner Arbeitskollegin darüber sprechen, wie du mit dem Tod deiner Schwester umgehst. Wärst du damit einverstanden?"

In einem Konflikt mit dem Partner kann es helfen, bei einer vertrauten dritten Person das Herz auszuschütten. Manchmal geschieht dies auch emotional und spontan. Dann können wir vorher nicht um Einverständnis bitten. Was zumutbar ist, müssen wir dann selbst entscheiden.

WIE MACHT IHR DAS?

→ Könnt ihr einschätzen, welche Themen euer Partner als privat einstuft?
→ In welchen Situationen wären Ausnahmen möglich?
→ Gibt es Menschen, die für euch beide Vertrauenspersonen sind und denen gegenüber ihr bereit seid, größere Einsicht in Krisen oder Konfliktmomenten zu gewähren?

KOMMUNIKATION LERNEN – AUF DEN PUNKT

Kommunikation betrifft alle Bereiche von Partnerschaft. Einander hören und verstehen zu lernen, gibt einer liebevollen Beziehung Sicherheit und Wachstumsmöglichkeiten. Die aktive Entwicklung einer Konfliktkultur bringt die Partner einander näher und wirkt in „schlechten Zeiten" wie ein Kompass in Hinblick auf Verständigung.

SÄULE #4 – INTIMITÄT AUFBAUEN

SEX & KUCHEN

Als letzte unserer vier Partnerschaftssäulen schauen wir uns an, wie wir Intimität aufbauen können. Diese Säule steht oft schief und bildet bei den meisten Paaren die wohl emotionalste Baustelle, denn das Thema geht uns nahe wie kein anderes.

Auf dem Weg zu einer langfristig erfüllenden Sexualität liegen einige Stolpersteine. Die Übersexualisierung unserer Gesellschaft ist einer davon. Das dadurch vermittelte Bild stimuliert uns einerseits, erzeugt aber auch Leistungsdruck, Abstumpfung und Entzauberung durch den Geheimnisverlust. Lassen wir uns vor diesem Hintergrund auf Intimität ein, hegen wir oftmals überzogene und falsche Erwartungen, die sich nicht rasch erfüllen. Alle Welt scheint das Thema abzufeiern – sind wir die Einzigen, für die Sex nicht ein Ausflug in die Sterne ist?

Auch negative Vorerfahrungen stehen uns im Weg. Wir starten nicht als weißes Blatt in die gemeinsame Sexualität, sondern haben ungeklärtes Gepäck und teils auch Sondermüll dabei. Die Entwicklung einer erfüllenden gemeinsamen Sexualität kann deshalb – je nachdem, was beide mitbringen – eine längere Reise sein. Lohnenswert ist sie in jeden Fall!

WIE MACHT IHR DAS?

Wie eine für euch gelungene sexuelle Begegnung aussehen soll, entscheidet ihr allein. Es ist gut, sich von medialen und kulturellen Vorgaben zu lösen und herauszufinden, was euch gefällt. Tauscht euch darüber aus. Ein wenig unverfänglicher wird das Ganze, wenn ihr zum Einstieg die Kuchenübung nutzt.

Stellt euch eure Sexualität als einen Kuchen vor: Welche Zutaten in welcher Dosierung sollten hineinkommen, damit er euch schmeckt?

Kreuzt einzeln an, vergleicht die Listen und besprecht euch dann.

→ Welche Überraschungen gibt es?
→ Könnt ihr aus euren Zutatenlisten gemeinsame Ziele definieren?
→ Welche praktischen Schritte sind nötig, um die Ziele zu erreichen?
→ Wer von euch ist für welche Schritte verantwortlich?

ZUTATEN FÜR DEN SEX-KUCHEN	SEHR WICHTIG	WÜNSCHENS-WERT	KANN SEIN	NICHT SO MEINS
Kurze Berührungen im Alltag (z. B. Umarmen, Handhalten, bedeutsame Berührungen).				
Kurzer bedeutsamer Blickkontakt im Alltag.				
Viel Zeit beim Sex.				
Interesse meines Partners an meinen sexuellen Bedürfnissen.				
Kurze bedeutsame Anrufe oder SMS.				
Fantasie in der sexuellen Begegnung.				
Ruhe & Entspannung.				
Ein klarer Kopf.				
Aufgeräumte Konflikte.				
Aufgeräumte Wohnung.				
Offener Austausch über die gemeinsame Sexualität (Frage mich, was mir gefällt!).				
Ein gepflegter Körper.				
Spontaner Sex zwischendurch.				
Körperliche Fitness, Wohlbefinden.				
Kinderfreie Zonen/Zeiten.				
Sexueller Höhepunkt (Orgasmus).				
Angenehme Raumtemperatur.				

SCHAM UND INTIMITÄT

Obwohl wir Enttäuschung erleben, scheint unsere Sehnsucht nach Intimität ungebrochen. Jeder Mensch sehnt sich nach Verbundenheit und Nähe. Es wirkt, als seien wir dafür geschaffen. Moment, Stichwort „geschaffen"? Wenden wir uns doch noch einmal Adam und Eva zu: Ihre Entstehungsgeschichte bestätigt die Vermutung, denn das Vorgehen des Schöpfers ist in höchstem Maß intim. Er formt den ersten Menschen aus Erde und haucht ihm dann Leben ein. So entsteht ein von Gott „belebtes" Wesen. Während der Rest der Schöpfung sich durch Worte entwickelt, ist der Vorgang beim Menschen weitaus intimer, durch Berührung und Atem. Die Heranbildung im Mutterleib spiegelt den berichteten Ablauf. Unabhängig davon, ob wir den biblischen Bericht oder biologische Tatsachen betrachten: Unsere Ersterfahrung ist Verbundenheit und Intimität – und dies prägt unsere Sehnsucht.

Dies wird noch durch eine weitere Beschreibung unterstrichen. Es ist nicht gut, dass der erste Mensch Single ist. Der Schöpfer entnimmt ein Stück des Prototyps und formt ihm daraus einen Partner. Und siehe: Die ersten beiden Menschen strecken sich *natürlicherweise* nacheinander aus – denn sie stammen voneinander und es zieht sie zueinander hin.

Diesem Bericht nach ist unsere Suche nach Intimität der Tatsache geschuldet, dass wir voneinander genommen sind und eine Wiedervereinigung wünschen. Dieser Gedanke ist wichtig, denn in der Kirchengeschichte (und teils auch in unserer Zeit) wurde und wird unser Wunsch nach Intimität mitunter als ungöttlich gebrandmarkt. Solche Aussagen sind im Angesicht des Schöpfungstextes eine böse Parodie. Unsere Sehnsucht ist nicht hausgemacht, sondern Ergebnis des göttlichen Schöpfungsprozesses! Keiner von uns hat sich ausgesucht, ein sexuelles Wesen zu sein. Sex und unser Wunsch danach sind von Gott gewollt, seine Idee und sein Geschenk an uns.

Doch gleichzeitig empfinden viele Paare die gemeinsame Sexualität wie eine vom Architekten verlassene Baustelle: Die Handwerker bemühen sich nach Kräften, aber es fehlen Plan und Anleitung. Das soll nicht so bleiben! Vielleicht können Adam und Eva uns noch einmal helfen? Lasst uns etwas tiefer im Text graben!

DER SERIENKILLER SCHAM

Wir beobachten, dass Adam und Eva das intime Miteinander zunächst durchweg positiv und als vollkommenes Geschenk erfahren. Im Garten finden wir beide nackt und ohne Scham voreinander. Sie leben eine Beziehung ohne Blockaden und Schattenbereiche – vom Feinsten! Doch nachdem beide sich gegen Gott als richtungsweisende Instanz entscheiden, ändern sich die Vorzeichen: Ihre körperliche und emotionale Unterschiedlichkeit empfinden sie jetzt als Mangel. Sie verbergen sich zunächst voreinander und dann vor Gott.[21] Der Gegenspieler von Intimität – ein bis dahin unbekanntes Schreckgespenst – hat das Paradies betreten: der Serienkiller Scham.

SCHULD UND SCHAM

Brené Brown hat erstaunlich viel zu sagen! Wer die Sozialwissenschaftlerin und Autorin noch nicht kennt, sollte ihren Namen bei YouTube suchen und sich ein paar Kostproben anschauen. Für unser Thema stellt sie eine hilfreiche Unterscheidung zwischen Schuld und Scham vor. Schuld definiert sie als Erkenntnis, *etwas Falsches getan zu haben*, und Scham als den Gedanken, *falsch zu sein*. Während Schuld vergeben werden kann, müssen wir mit Scham anders umgehen. Wir brauchen eine Wahrheitsbegegnung, in der wir erkennen: Wir mögen falsch gehandelt haben, aber wir sind nicht falsch!

Scham war im Schöpfungsplan nicht vorgesehen, denn ihr folgt die Angst vor Ablehnung – das Gegenteil von Verbundenheit und Miteinander. Die partnerschaftliche Suche nach Intimität bedeutet, die Angst zu überwinden, von unserem Partner abgelehnt zu werden, und sich zusammen in Richtung Schamlosigkeit zu bewegen. Das ist kein Spaziergang! Denn um scham-los zu werden, müssen wir riskieren, uns verletzlich zu machen. Ein langer Weg, den wir in kleinen Schritten bewältigen.

SCHAMLOS WERDEN

Kim: Ich bin immer wieder verblüfft, wie schamlos Kristian sein kann. Die Angst, von mir abgelehnt zu werden, scheint ihm völlig fremd. Bei mir sieht das anders aus. Vor allem in den ersten Beziehungsjahren war Ablehnungsangst für mich ein Intimitätskiller. Ich trug viele Masken und versuchte, die bestmögliche Kim zu präsentieren. Doch Nähe zulassen heißt Kontrolle loslassen. Obwohl Kristian sich um mich bemühte, war das schwer. Warum, war mir unklar. Erst nach Jahren kam ich darauf, meine Ablehnungsangst genauer anzuschauen. Ich merkte, dass sich das Thema durch die meisten Lebensbereiche zog. In meinem Fall wurde die Angst vor Ablehnung durch meinen Vater gepflanzt, der mir bis heute nicht bekannt ist.

Kristian: Schamlos werden ist wohl ein Prozess, in dem wir beide unterwegs sind. Obwohl mich das Thema nicht übermäßig beschäftigt, kenne ich schamvolle Momente. Ich gehe aber anders damit um und versuche, das mit Stärke oder Coolness zu überdecken. Ich erinnere mich an eine mehrjährige Krankheitsphase. Ich war so schwach, dass Kim vieles übernehmen musste. Da habe ich mich arg geschämt. Vor allem auch unserem damals kleinen Sohn gegenüber, weil mir die Kraft fehlte, mit ihm zu spielen. Kim hat mir nie Vorwürfe gemacht – aber ich mir selbst! Schaue ich zurück, spüre ich das wieder. Dann hilft es mir, mich innerlich zu umarmen, und mir Annahme und Erbarmen auszusprechen. Beides löst Scham wie Spülmittel Fett.

WIE MACHT IHR DAS?

→ Kennst du die (geheime) Angst, von deinem Partner abgelehnt zu werden? Wie und wann macht sie sich bemerkbar?

→ Wie würde eure Sexualität aussehen, wenn ihr schamlosen Sex hättet? Welche Schritte könntet ihr dafür gehen und wer geht voran?

DIE INTIME KURVE

Scham ist der hauptsächliche Gegenspieler zu tiefer Intimität. Doch unsere Bereitschaft hängt auch von Entspanntheit, Gesundheit, Lebensumständen und dem Zustand unserer Beziehung ab. All dies beeinflusst unser Verlangen nach körperlicher Nähe und Sex.[22] Schwankungen im Lustniveau sind demnach natürlicher Teil einer Partnerschaft. Problematisch wird es, wenn sich unser Lustniveau über einen längeren Zeitraum von dem unseres Partners unterscheidet. Dann ist es gut, genauer hinzuschauen.

WIE MACHT IHR DAS?

Um ins Gespräch zu kommen, ermutigen wir Paare, die empfundene Qualität ihrer Sexualität grafisch darzustellen. Malt dazu eine x- und eine y-Achse.

X steht für die empfundene Qualität eurer Intimität, y ist die Zeitskala. Sie beginnt mit dem Jahr des Kennenlernens. Wie schätzt ihr euer Intimitätsniveau (y, senkrecht) in diesem Jahr ein? Durchaus möglich, dass ihr unterschiedliche Einschätzungen habt. Kommt darüber ins Gespräch! Es geht nicht um objektive Wahrheit, sondern um persönliches Empfinden. Wiederholt die Einschätzung für die folgenden Jahre oder Phasen eurer Beziehung. Ihr werdet feststellen, wie Umzüge, Jobwechsel, Trauer, Babys (oder das vergebliche Bemühen darum) oder ähnliche Ereignisse eure Intimität beeinflusst haben.

Wenn ihr mit der Kurve fertig seid, schaut gemeinsam die höchsten Punkte an.

Überlegt:

→ Was hat euch in diesen Phasen ermöglicht, eine höhere Intimität zu erreichen?
→ Was war anders?

Falls ihr es schwer findet, gemeinsam eine Kurve zu malen, kann alternativ jeder seine eigene Kurve erstellen. Anschließend könnt ihr euch dann über Übereinstimmungen und empfundene Unterschiede austauschen.

Fragt einander:

→ Warum hast du unsere Intimität zu diesem Zeitpunkt auf diesem Niveau eingestuft?

→ Was hätte ich in dieser Zeit deiner Meinung nach machen können, um unsere Intimität zu fördern?

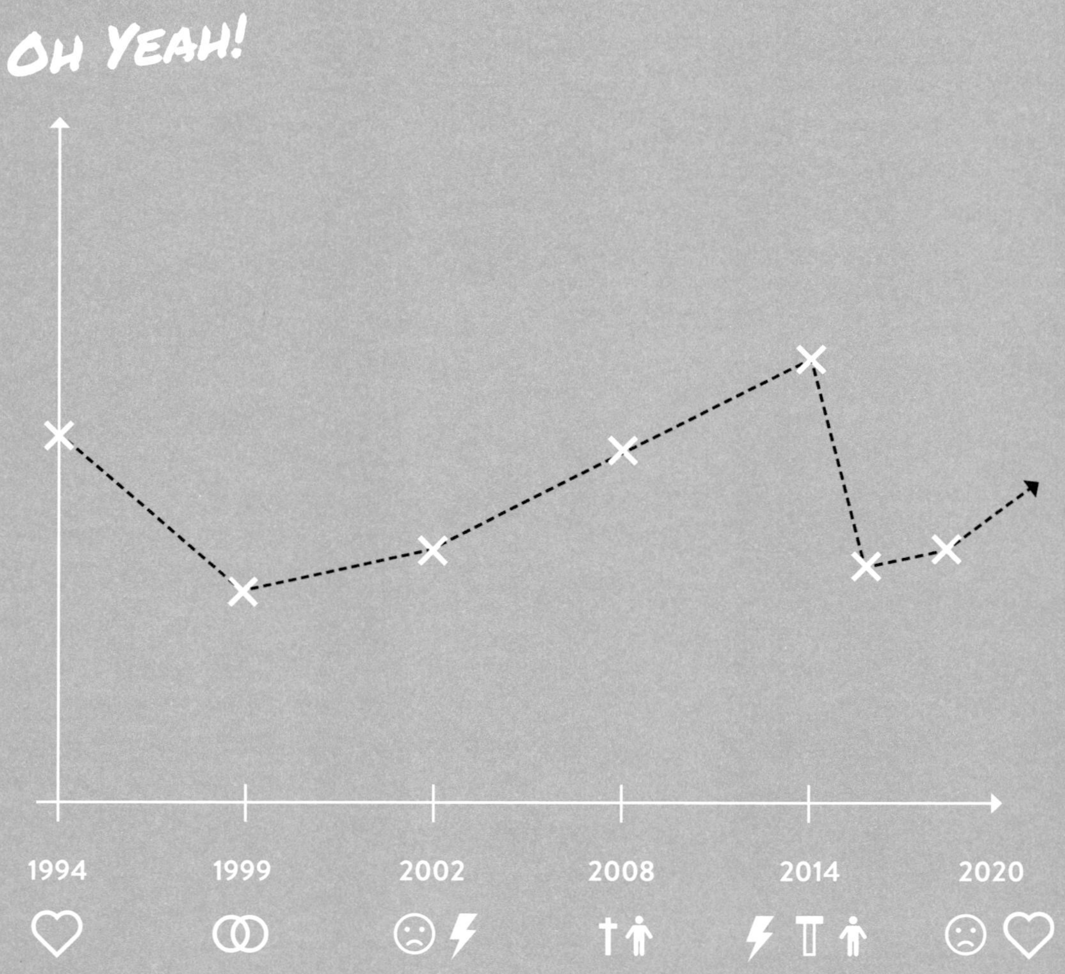

AB INS TIEFE WASSER!

Kristian: Früher hat mich das Wort Intimität abgeschreckt. Ich dachte, damit wäre Romantik gemeint. Der Gedanke, dass Sex immer romantisch sein soll, hat mich gestresst. Sex ordne ich lieber in die Kategorie „Disco, Spiel & Sport“ ein. Ich kann mir vorstellen, dass es anderen auch so geht.

Kim: Romantik finde ich nice und wünschenswert, jedoch im Familienalltag nicht immer möglich. Warten wir auf Romantik, warten wir zu lange und verlernen, Sex als Alltagsfreude zu erleben. Intimität hingegen ist aus meiner Sicht nicht verhandelbar. Sie ist der Nährboden, um viele Jahre gerne Sex mit dem Partner zu haben. Ohne diese emotionale Nähe kann Sex zu einem abzuhakenden To-do verkommen. Davon habe ich schon genug!

Ihr merkt: Mal sprechen wir von Sex, mal von Intimität oder Nähe, um das Thema zu beschreiben. Lasst uns das erklären. Wir glauben, dass eine ganzheitliche Sexualität von Intimität gekennzeichnet ist. Intimität bedeutet, beim Sex mit unserem Partner mehr als nur unseren Körper zu teilen. Eine sexuelle Begegnung hat eine körperliche und eine seelische Ebene. Idealerweise suchen wir ein ganzheitliches Miteinander, wo Seele und Körper gemeinsam unterwegs sind. Doch dies muss nicht so sein: Wir sind von Natur aus intimfähige Wesen, allerdings in Freiwilligkeit. Genauso wie Liebe oder Freundschaft kann Intimität nicht erzwungen, sondern nur geschenkt werden. In einer sexuellen Begegnung entscheiden wir souverän, wie nahe – wie *intim* – wir mit dem anderen sein wollen. Als Negativbeispiel: Bei einem One-Night-Stand würden wir unseren Körper involvieren, aber den anderen eher nicht „in unsere Seele“ schauen lassen. Unser Innerstes bliebe verborgen. In einer langfristigen Partnerschaft wünschen wir uns, „alles“ miteinander zu teilen – eins zu werden mit Körper und Seele. Das ist anspruchsvoller, jedoch auch erfüllender, und entspricht unserer tiefsten Sehnsucht.

Das Konzept von Intimität verbirgt sich hinter dem lateinischen Begriff „Intimus“. Dies bedeutet: „dem Rand am fernsten – möglichst weit innen“. Wären wir ein See, würden wir unserem Partner erlauben, nicht nur am Ufer zu planschen, sondern bis in unsere innerste Mitte zu schwimmen. Logischerweise benötigt Intimität in der sexuellen Begegnung Vertrauen und den Wunsch nach tiefer Nähe. Ganz praktisch heißt es, Kontrolle und Grenzen niederzulegen – ein Risiko. Aus den vorher genannten Gründen gelingt uns das mal besser, mal weniger. Außerdem scheint für manche Menschen tiefe Intimität aufgrund der Persönlichkeit oder einer missbräuchlichen Vorgeschichte nahezu unmöglich.

In einer Partnerschaft gibt jeder, was er hat – und bei manchen Themen ist das eben nicht viel. Wir schlagen vor, dass der Partner, dem Sex leichter fällt, sich auf den anderen einlässt und versucht zu entdecken, welche Hilfen er geben kann. Übrigens: Das Helfen findet meist nicht auf der Matratze statt. Eine Öffnung zur Intimität entsteht durch Gespräche, liebevolle Gesten, ein aufeinander Eingehen, Vermitteln von Sicherheit und Bearbeiten von Scham.

WIE MACHT IHR DAS?

Egal, wo ihr bei dem Thema steht:

→ Kleine Schritte sind immer möglich. Wie könnten sie bei euch aussehen?

→ Wie könnte jeder von euch dem anderen erlauben, „etwas tiefer in den See zu schwimmen“?

→ Was braucht ihr dafür und wie könnt ihr es einander geben?

DER SCHATZ UND DIE SUCHE

Wir haben bisher Hindernisse und Herausforderungen für eine erfüllende Sexualität besprochen. In diesem Teil schauen wir, was beide Partner aktiv tun können, um eine gelungene Intimität zu fördern. Denn eine für beide erfüllende Sexualität ist kein Zufallsprodukt, sondern Ergebnis einer gemeinsamen Schatzsuche. Drei Aktionen helfen uns, den Schatz zu finden. Seid ihr gespannt? Los geht's!

AKTION # 1: SICH SELBST KENNENLERNEN

Immer noch scheint es für (pubertierende) Jungen natürlicher, ihre Sexualmerkmale kennenzulernen als für Mädchen. Sicherlich hat das auch physiologische Gründe: Ihr Geschlecht ist exponierter und leichter zu erreichen. Doch Sozialisation spielt eine Hauptrolle. Dass ein Junge seine Genitalien erforscht und damit spielt, ist gesellschaftlich akzeptierter, als wenn dies ein Mädchen tut. Dieses Bewusstsein formt die weibliche Denkweise wie eine unbewusste Unterströmung. So wachsen Mädchen oft mit dem Gedanken auf, ihre Geschlechtsmerkmale zu verstecken und sich nicht damit zu beschäftigen oder darüber zu reden; gewissermaßen eine Kontaktvermeidung mit sich selbst. Die Unerfahrenheit führt allerdings in ein Dilemma: Wie kann Frau guten Sex haben, wenn sie ihren Körper nicht kennt? Wie soll sie ihrem Partner erklären, was sie mag, wenn sie es selbst nicht weiß? Eine Frau tut also gut daran, sich kennenzulernen! Vielleicht klingt das für manchen Leser mit religiöser Vorprägung zu gewagt? Doch Frau kann mit einfachen Fragen beginnen: Was fühlt sich für mich gut an? Und was nicht? Wie steigert sich mein sexuelles Verlangen? Was hilft mir, körperlich und emotional warmzuwerden? Weiß ich, wozu mein Körper in der Lage ist? Wie könnte ich das herausfinden?

Kim: Ich möchte hier jetzt nicht verallgemeinern, doch Vorglühen ist für viele Frauen essenziell. Während Männer tendenziell eine kurze oder keine Startbahn benötigen, ist die weibliche Sexualität facettenreicher. Frau braucht mehr, um sexuell hochzufahren. Ihr Verlangen ist tiefgründiger und entwickelt sich langsamer. Für uns entscheidet sich oft lange vor der intimen Begegnung, ob wir Spaß haben werden. Der Wunsch ist, sich ganzheitlich „sexy“ zu fühlen, ist dabei super wichtig, doch das ist nicht alles. Diese Medaille hat eine erstaunliche Rückseite: Obwohl Frau gerne eine längere Aufwärmphase in Anspruch nimmt, braucht es nur eine dumme Bemerkung oder Ungeschicklichkeit des Partners, um wieder komplett neutral zu werden. Ein liebevoller Partner muss lernen, damit umzugehen. Das führt uns zur Notwendigkeit, unseren Partner kennenzulernen.

AKTION # 2: UNSEREN PARTNER KENNENLERNEN

Ja, die Sexualität unseres Partners kann komplex sein. Sie kennenzulernen und zu verstehen, dauert eine Weile. Gut ist, wenn wir dabei die zwei Bauteile der Sexualität im Blick behalten: die körperliche Ebene und die Fähigkeit zur Intimität. Das heißt, wir wollen nicht nur die körperlichen Vorlieben unseres Partners erkennen, sondern auch verstehen, was ihm hilft, Intimität zuzulassen.
Für beide Bereiche haben wir innere Bremsen und Gaspedale. Dies sind Schalter, die uns sexuell verschließen oder öffnen. Weiß ich, welche dies bei meinem Partner sind? Oft haben sie gar keinen direkten sexuellen Zusammenhang. Verschließen können Handybenutzung im Bett, Mangel an Körperhygiene oder muffeliges Verhalten; öffnen dagegen Freundlichkeit, ein kinderfreies Umfeld, Aufmerksamkeiten. Kenne ich die Bremsen und Gaspedale meines Partners? Wie kann ich beides günstig betätigen?

Kristian: Auf beiden Ebenen haben wir uns über die Jahre aufeinander zubewegt. Sich auf Intimität einzulassen, fiel Kim anfangs schwerer als mir. Deswegen empfand ich es als meine Verantwortung, ihr zu ermöglichen, unser Miteinander zu genießen. Um dahinterzukommen, was es dazu braucht, habe ich mich zum Thema weibliche Sexualität eingelesen, aber auch versucht, Kims persönliche Perspektive zu durchschauen. Mein größtes Learning war, zu erkennen, wie sehr mein Auftreten im Alltag sie emotional öffnen oder auch verschließen kann. Dies war mir vorher nicht klar – ich funktioniere anders.

Kim: Einander kennenlernen klappt nur, wenn beide Partner für Sex-Talk bereit sind. Ohne Kommunikation bleibt Verbesserung dem Zufall überlassen. Wir haben gelernt, auf eine nette Art und Weise über Sex zu sprechen. Dabei war es am Anfang nicht leicht. Ich mochte das nicht, fand es enorm unsexy und musste erst verstehen, dass Kristian Informationen braucht, um auf mich eingehen zu können. Meine Sorge war, Reden würde den Zauber wegnehmen und die gemeinsame Erfahrung bagatellisieren. Doch im Gegenteil, erst durchs Reden kam Zauberkraft zustande! Unsere Gespräche über Sex waren der Hauptweg, einander zu verstehen und aufeinander eingehen zu können.

Verändern sich Lebensphasen, wird Sex-Talk (erneut) wichtig. Beispielsweise beim Elternwerden. So schön es ist, mit Kindern gesegnet zu werden, genauso extrem kann der Bruch der bisherigen gemeinsamen Sexualität sein. Besonders die ersten zwei Jahre mit einem Neugeborenen werden durch Erschöpfung, Müdigkeit und einer Verschiebung der Libido von Paaren als Sexwüste erlebt. Offenes Gespräch und Verhandlung, was abends noch geht und was nicht, können helfen, in solchen Phasen Frust zu vermeiden.

Kim: Oft haben Männer nicht auf dem Radar, dass sich für ihre Partnerin durchs Mutterwerden *alles* verändert. Es wirft sie in eine komplett neue Rolle. Körper, Selbstbild, Hormone müssen in ein neues Gleichgewicht finden. Auch das Thema Sex ist davon betroffen. Es muss neu verhandelt und teils auch neu erfunden werden. Der abendliche Sex darf sich nicht in die häuslichen Aufgaben des Tages einreihen und in die Kategorie „Stress, Pflichterfüllung, Arbeit, Aufgabe“ fallen. So eine Situation kann für die Mutter eines Kleinkinds leicht entstehen. Es ist gut, wenn der Partner einen Blick dafür hat. Nur durch Einfühlung und Gespräch kann diese Dynamik umgekehrt werden.

AKTION # 3: MITEINANDER ÜBEN

Es ist ja kein Geheimnis: Üben ist die Grundlage für jede Weiterentwicklung in jedem Lebensbereich. Doch geht es um Sex, sehen wir das ungern ein und hoffen, die Dinge würden sich von selbst ergeben. Hier proaktiv zu üben, hieße zugeben, dass es nicht so gut läuft. Dies Eingeständnis ist unangenehm und uncool. Doch eins ist so sicher wie das Amen in der Kirche: Sex wird *nur* durch Übung besser!

Wie ein gemeinsames Training aussehen kann, sollte in Hinblick auf das Ziel entschieden werden. Wollen wir Schachweltmeister werden, hat es wenig Sinn, den Bizeps aufzupumpen. Das Üben beginnt also damit, zunächst über eure Ziele zu sprechen. Ein zu großes Ziel könnt ihr dabei in Teilziele untergliedern.

Unsere Wünsche für eine sexuelle Begegnung sind persönlich und können unterschiedlich sein. Meist geht es nicht darum, nach den Sternen zu greifen, sondern durch kleine Schritte den Spielfluss zu verbessern. Bei einem Paar, das wir begleiteten, empfand ein Partner Sex als schmerzvoll. Hier war das Ziel des Übens, erst mal schmerzfreien Sex zu erleben. Bei einem anderen Paar war die Lust aufeinander eingeschlafen. Hier war das Ziel des Übens, wieder körperliche Sehnsucht zu entwickeln. Entscheidend für den Erfolg ist, dass die Partner zunächst gemeinsam ihr Ziel absprechen. Einige von euch haben es schon befürchtet: Hier steht wieder der Sex-Talk im Mittelpunkt – ohne das geht nichts.

Fällt es schwer, über Intimität zu sprechen, wählt einen Ort, der euch sicher erscheint und Freude bereitet. Bist du der offenere Partner, überlege dir, was dein Partner benötigt, um gesprächig zu werden? Einen Waldspaziergang, ein Fußballspiel, Essengehen oder ein paar Gläser Wein?

Habt ihr begonnen, ein Ziel zu definieren, kann abgesprochen werden, wie das Üben aussehen soll und einzelne To-dos verteilt werden.

Kristian: Ich erinnere mich, wie wir ein Ziel definierten und ich die Aufgabe bekam, die weibliche Sexualität zu studieren. Das war mein Teil des Übens. Ich habe Literatur gesucht, Podcasts und Blogs gecheckt und war erstaunt, wie schnell ich einen guten Überblick bekam. Es ging um ganz einfache Sachen, wie die Empfindlichkeit und den Aufbau der Vulva, aber auch um konkrete Praktiken, die Frauen als angenehm beschrieben. Klar dargestellt ergab das alles Sinn. Ich hatte mir einfach noch nie eingehende Gedanken darüber gemacht. Meine Vermutung ist, den meisten Männern geht es ähnlich. Also Bob Andrews, die Recherche ruft!

Kim: Obwohl wir das seit Jahren anderen Paaren beibringen, finde ich den Gedanken ans Üben immer noch schräg! Das Wichtigste ist wohl, dabei humorvoll zu bleiben. Sex sollte nichts Ernstes sein, sondern Spaß machen! Im Grunde heißt „miteinander üben" einfach, machen, machen, machen – und darüber reden. Also, nicht aufzuhören, Sex zu haben und dann auszutauschen, was gut war und was besser werden könnte.

WIE MACHT IHR DAS?

Manchmal ist es gar nicht leicht, über die gemeinsame sexuelle Sehnsucht ins Gespräch zu kommen. Kreativer Sex-Talk kann helfen. Dazu könnt ihr Symbole benutzen, um sichtbar zu machen, wie eine vergnügliche, ansprechende Sexualität für euch aussehen kann. Ihr könnt Dinge zeichnen oder auch im Haushalt nach Gegenständen suchen, die eure Wünsche veranschaulichen. Stellt sie eurem Partner vor. Inwiefern sprechen sie über eure sexuelle Sehnsucht? Sie können später auch als Erinnerungshilfe dienen.

Fasst zusammen:

→ Welche Erkenntnisse konntet ihr aus eurer kreativen Arbeit gewinnen?
→ Welche Ziele wollt ihr formulieren?
→ Was sind die nächsten Schritte und wer von euch muss sie gehen?

DAS FEUER SCHÜREN

Unsere drei Anhaltspunkte (gemeinsam Üben, sich selbst und den Partner kennenlernen) haben vor allem in den ersten gemeinsamen Jahren Relevanz. Die Notwendigkeit, das Feuer zu schüren, kennen hingegen vor allem Paare, die lange zusammen sind. Studien zufolge empfindet ein beachtenswerter Teil der Frauen den Sex schon nach zwei Jahren Ehe als eher langweilig. Damit ist nicht ihre grundsätzliche Lust gemeint, sondern ihre Lust auf das, was sie mit ihrem Mann erlebt. Männer halten länger durch und verlieren das Interesse eher graduell über etwa acht Jahre.

Erotische Ermüdungserscheinungen sind normal. Das betrifft jeden. Uns treibt die Frage, wie wir das Feuer der Leidenschaft, die Anziehung, die Libido in einer monogamen Beziehung langfristig erhalten – oder zurückerobern können.

Leider gibt es dafür keine Zauberformel, denn jede Partnerschaft funktioniert anders. Die folgenden Gedanken und Beobachtungen können euch bei der erneuten Schatzsuche begleiten.

WAS MACHT AN – WAS MACHT AUS?

Der grundlegendste Punkt ist und bleibt offene Kommunikation. Auch wenn wir lange zusammen sind, hilft uns regelmäßiger Austausch über sexuelle Bedürfnisse, Fantasien, Vorlieben und Grenzen dabei, ein Verständnis für die gemeinsame Situation zu entwickeln. Wir müssen einander mitteilen, was uns grundsätzlich an- und ausschaltet. Manche haben dies womöglich noch nie explizit getan, andere stehen vor der Herausforderung, dranzubleiben, weil sich diese Punkte ändern können. Entwicklungen, Verhaltensweisen oder Angewohnheiten spielen hinein, die auf den ersten Blick wenig mit dem Thema zu tun haben. Eine Frau erzählte: „Körperlich gefällt er mir sehr gut und er ist auch geschickt mit mir. Aber er hat seine schlechten Launen nicht im Griff. Er muffelt rum, schimpft und ärgert sich über Kleinigkeiten. Ich weiß, es ist gemein, aber das macht ihn sexuell so neutral wie einen Fisch."

DIE KLETTE GEWOHNHEIT

Eine anhaltende und treue Beziehung ist wie ein fruchtbarer Garten mit einem schützenden Zaun. Wir können aufeinander zählen, unterstützen uns, schreiben eine gemeinsame Geschichte. Das langfristige Commitment bringt große Vorteile und eröffnet uns ein tolles Entwicklungsumfeld. Regelmäßiger Sex ist einer der Pluspunkte. In einem sicheren Rahmen können wir erkennen und ausleben, was gemeinsam Freude bereitet. Doch Erotik braucht nicht nur Sicherheit, sondern auch Spannung. Diese Mischung muss von beiden gesucht werden. Ein langer gemeinsamer Weg kann auch eine Ermüdung, Entzauberung und Langeweile mit sich bringen. Gewohnheitseffekte treten ein. Sie können positiv und gleichermaßen negativ erlebt werden. Wir lernen den Partner beinahe besser kennen, als wir es möchten, und passen uns einander an. Das gibt Sicherheit, vertreibt aber auch das aufregende Spiel miteinander, das uns früher angezogen hat. Wissen wir vorher, wie es ablaufen wird, ist die Erwartung an die sexuelle Intensität einer Begegnung eher gering.

Wenn eine jahrelange gemeinsame Routine uns den Partner kaum mehr als erotisches Wesen wahrnehmen lässt, kann ein (ungewollter) Hinweis von Außen den sehnsuchtsvollen Blick auf unseren Gefährten wiederbeleben. Ein Mann sagte: „Seit meine Frau mir gestanden hat, dass sie häufig bei der Arbeit angeflirtet wird, sehe ich sie mit neuen Augen. Sie wird von anderen Männern begehrt – und, wie ich neu erkenne, nicht ohne Grund. Denn sie ist wirklich attraktiv. Dieser Weckruf hat mich neu für sie angezündet."

DAS JOGGINGHOSEN-SYNDROM

Auch eine zu tiefe Entspannung und die Entwicklung einer Ungeniertheit sind Teil einer Langzeit Beziehung. Selbstverständlich verändert sich unser Körper im Laufe der Jahre (Bei der Frau beschleunigt durch das Kinderkriegen). Hiermit müssen wir Frieden finden. Doch das Jogginghosen-Syndrom lässt uns den Partner und das Miteinander als zu selbstverständlich nehmen. Wir lassen uns gehen, vernachlässigen sportliche Betätigung oder Körperpflege. Das romantische Interesse des Partners klingt ab. Sind Körper und Manieren in schlechtem Zustand, ist lustvolle Intimität schwer.

Wollen wir Erotik, sind klar adressierte Wünsche bezüglich der Körperhygiene und -form wichtig, denn Sex heißt, den Körper teilen. Meist ist der Mann offensiver darin, der Partnerin Verbesserungsvorschläge zu unterbreiten. Vor der eigenen Haustür zu kehren, ist jedoch unumgänglich, ehe man(n) andere kritisiert. Denn für die Frau ist es genauso wichtig, dass ihr Partner auf sich achtet, und sein Bestes gibt, um ihr eine Freude zu sein. Eine Frau sagte uns: „Ich mag ihn total gerne und vertraue ihm – aber wie er sich körperlich entwickelt hat, ist Sex für mich gestorben."

WER IST DER MENSCH IN MEINEM BETT?

Leben bedeutet Veränderung. Dabei kann es innerhalb der Partnerschaft zu Rollenverschiebungen kommen, die für eine Zeit oder auch permanent zu einer Ent-erotisierung führen. So ist die Frau beim Elternwerden in eine gänzlich neue Rolle geworfen. Die Sorge für ein Neugeborenes kann sie für eine Zeit sexuell neutralisieren. Doch diese Phase geht natürlicherweise vorüber.

Schwieriger ist es, mit einer sich einschleichenden Veränderung der Persönlichkeit umzugehen. Vielleicht entwickelt unser Partner eine Tendenz zu Narzissmus, Kontrollzwang oder Depression. Er verliert sein Selbstbewusstsein, unterliegt Stimmungsschwankungen und Reizbarkeit oder isoliert sich sozial. Unser Blick auf ihn ändert sich. Der Zeitgenosse, den wir vorher aufgrund seiner Fähigkeit und Persönlichkeit attraktiv fanden, ist unbekannt verzogen. Stattdessen teilen wir das Bett nun mit jemandem, der bedürftig ist, sich gehen lässt, uns Angst macht oder uns nervt. „Care-Arbeit" ist, wenn sie zu lange andauert und die Partner in Verwundeter und Pflegekraft aufteilt, ein Erotikkiller. Eine Frau sagte: „Seit er seinen Job verloren hat, stellt er sich als Versager dar und hat aufgehört, an sich zu glauben. Mein Versuch, ihn zu trösten und für ihn da zu sein, hat mich in eine seltsame Rolle gebracht. Manchmal denke ich, jetzt habe ich drei Kinder. Mein Wunsch nach Sex ist noch da – aber nicht mehr mit ihm. Seine schwankenden Stimmungen schalten mich komplett ab."

Sich entwickelnde körperliche Übergriffe können ebenso zu einem Verlust der Anziehung führen. Ein Partner, der vorher Vertrauen und Sicherheit bedeutete, fällt jetzt in die Kategorie „bedrohlich". Eine Frau sagte uns: „Er ist ein verlässlicher und treuer Partner – aber anziehend finde ich ihn nicht mehr. Seit er mich angegangen ist, empfinde ich kein Verlangen mehr. Er hat sich entschuldigt, aber das Vertrauen ist weg. Jemanden wie ihn würde ich heute nicht wieder wählen."

Der Verlust der Anziehung ist bei einer Wesens- oder Rollenveränderung allerdings nur die Spitze des Eisbergs. Nicht zuletzt für das allgemeine Wohlbefinden beider Partner und für ein ganzheitlich gutes Leben sollte sie als Einladung für eine therapeutische Begleitung verstanden werden. Wird die Spannung nicht angegangen, führt sie sicher zur emotionalen oder faktischen Trennung. Meist braucht es in so einem Fall externe Hilfe, um die Situation zu entwirren und anzugehen.

RAUM UND ZEIT

Die sexuelle Anziehung neu zu entfachen, funktioniert meist nicht auf dem direkten Weg. Denn oft ist nicht die Lust vergangen, sondern die Nähe, und diese braucht hauptsächlich eines, um neu zu entstehen: Zeit. Wir starten also besser nicht im Bett und versuchen, das Thema direkt zu lösen. Stattdessen schaffen wir eine generelle Annäherung, indem wir über einen Zeitraum gemeinsam positive Erlebnisse sammeln. Das heißt einfach, schöne Dinge zusammen machen: essen gehen, Sportaktivitäten, Museums- oder Konzertbesuche, eine Wochenend-Städtereise oder ein Renovierungsprojekt. Manchmal schieben wir vor, dass dies in unserer Lebensphase (mit Kleinkindern, beruflichen Projekten, etc.) nicht möglich ist – doch wo ein Wille ist, findet ihr einen Weg!

Zugegeben: Die meisten Paare starten ohne Kinder. In den ersten Jahren miteinander ist es deswegen nicht nötig, die erwähnten schönen Dinge oder gar Sex zu planen. Doch später müssen wir bewusst Raum und Zeit schaffen. Die Gründung einer Familie verursacht nicht selten eine Überfrachtung unseres Lebens, die Erotik in den Hintergrund quetscht. Lassen wir die Erotik zu lange dort, wird es schwer, das Thema später wieder anzugehen. Das Gute ist: Es braucht oft kein Wunder, sondern lediglich Raum für hochwertiges Beisammensein. Mit regelmäßigen Date-Nights oder gemeinsamen Wochenenden können wir die liebevolle Verbindung stärken. Auch die Schaffung eines schönen Umfelds und einer intimen Atmosphäre fördert sexuelle Offenheit. Duftkerzen und Kuschelrock sind dafür nicht einmal unbedingt nötig; schon eine aufgeräumte Wohnung, frische Bettwäsche, angenehme Raumtemperatur und die Gewissheit, nicht von Kindern unterbrochen zu werden, können Wunder wirken.

DAS DARK-ROOM-DILEMMA

Eine negative Beziehung zum eigenen Körper hemmt die gemeinsame Sexualität. Durch die natürlicherweise geschehenden Veränderungen in der Lebensmitte (oder speziell für die Frau durchs Mutterwerden), kann ein latentes Unwohlsein mit unserer Erscheinung unüberhörbar laut werden. Wir möchten uns nicht mehr präsentieren oder empfinden gar Verachtung für unseren Körper. Sex kann nur im Dunkeln oder unter speziellen Voraussetzungen stattfinden. Unsere Verunsicherung beeinflusst auch den Partner. Ein Mann sagte uns: „Wir freuen uns beide über Sex. Aber sie schämt sich für ihren Körper und möchte sich dabei nicht zeigen. Das macht mich ganz irre, denn ich finde sie toll und es macht mich an, sie zu betrachten. Es kommt auch vor, dass ihre Scham mich ansteckt. Das Thema ist vollkommen seltsam!"

Die eigene Körperwahrnehmung ist ein weites Feld, das wir hier nicht ausführlich besprechen können. Doch Selbstliebe und bewusstes Annehmen des eigenen Körpers können trainiert werden. Betroffene sprechen davon, dass auch regelmäßiger Sport, Formen von Yoga und eine gezielte Stärkung der inneren Muskulatur ihnen geholfen haben, sich selbst und Sex mehr genießen zu können. Individuelle Selbstpflege und das Arbeiten an einem positiven Körpergefühl steigern das Selbstvertrauen und die gefühlte Attraktivität. Dies wirkt sich auf die sexuelle Anziehung zum Partner aus. Denn attraktiv ist, wer sich so fühlt.

WIE MACHT IHR DAS?

Um Leidenschaft wiederzuentdecken, hilft es, sich gemeinsam an die Anfänge der Beziehung zu erinnern und die Anziehung von damals in die aktuelle Situation zu übertragen. Wie können wir wieder Rollen einnehmen, die für uns sexuell attraktiv sind?

Fragt einander:

→ Was fandest du damals an mir anziehend und was würde das für heute übersetzt heißen?

→ Wie könnte ich dein Interesse an Sex mit mir in den nächsten vier Wochen steigern?

WIE MACHT IHR DAS?

Wie macht ihr das? Bevor wir das Thema Intimität abschließen, wenden wir uns gleich noch unserer Herkunftsfamilie zu und schauen, wie sie die Entwicklung unserer Sexualität beeinflusst hat. Wir möchten euch jedoch ermutigen, vorher das bisherige Kapitel zu besprechen. Dafür gibt es hier noch einmal die wichtigsten Gedanken zusammengefasst:

Die Sexualisierung unserer Gesellschaft malt ein verzerrtes Bild davon, wie ein erfüllendes Miteinander in einer langfristigen Beziehung aussehen kann. Wir suchen nicht nur körperlichen Austausch, sondern tiefe Intimität. Scham, Ablehnungsangst und Unwissenheit über unsere Wünsche und die unseres Partners müssen dafür überwunden werden. Außerdem hilft es, Ziele zu besprechen und gemeinsam zu üben. Gelungener Sex ist nicht nur möglich, sondern kann auch langfristig als spannender Teil der gemeinsamen Reise erlebt werden.

Besprecht miteinander:

→ Welche Aussagen im Kapitel „Intimität aufbauen", haben euch am meisten angesprochen? Warum?

→ Was war für euch schon vorher klar?

→ Was hättet ihr gerne noch genauer angeschaut und wie könnte das geschehen?

URSPRUNGSFAMILIE – SEGEN ODER POLTERGEIST?

Wir glauben, eine erfüllende Sexualität ist über viele Jahre möglich! Allerdings nicht, ohne daran zu arbeiten. Ein Arbeitsschritt ist der Rückblick zu dem Ort, wo wir herkommen, also unsere Ursprungsfamilie. Unsere ersten Prägungen zu einem Thema vermitteln den Maßstab, an dem wir weitere Erfahrungen messen. In der Sexualität gehen die Ersterfahrungen überwiegend in die Kindheit oder Teenagerzeit zurück. Das dort von unseren Eltern gemalte Bild nimmt einen erheblichen Einfluss auf unsere Einstellung zur eigenen Körperlichkeit und Sexualität.

Haben sie ein positives Bild kommuniziert und vorgelebt, ist unser Fundament gut. Unsere Einstellung zum eigenen Körper ist selbstbewusst. Unsere Bedürfnisse können wir dann besser verstehen und finden auch einen besseren Umgang damit. Wenn unsere Eltern hingegen hauptsächlich Tabus oder Schamgefühle vermittelt haben (vielleicht auch durch Ausschweigen darüber), hat dies unter Umständen eine Störung oder Blockade verursacht. Wir fühlen uns mit unserem Körper unwohl oder schämen uns für ihn. Es ist klar, dass diese Gefühle negative Auswirkungen auf die Intimität unserer Partnerschaft haben. Das Gute ist: Unser Körperempfinden ist nicht in Stein gemeißelt! Verstehen wir, wie Erziehung uns beeinflusst hat, können wir aktiv daran arbeiten, gesündere Überzeugungen und ein positives Selbstbild zu entwickeln. Manchmal kann professionelle Hilfe durch einen Coach oder Therapeuten dabei sinnvoll sein.

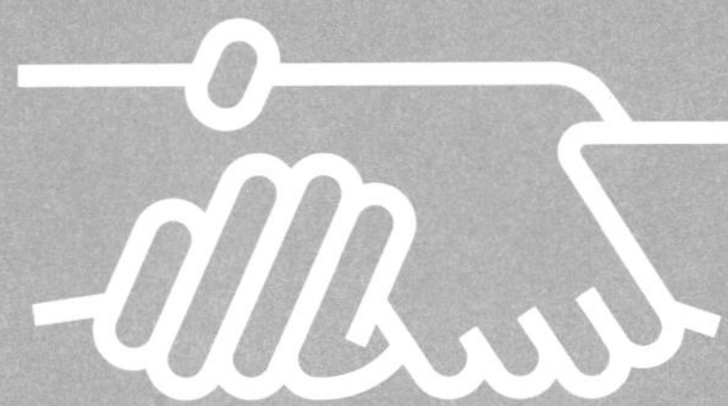

WIE MACHT IHR DAS?

Verstehen wir, wo der Partner herkommt, hilft uns das, barmherzig und verständnisvoll zu reagieren und Teil seiner Heilung zu werden. Die folgenden Fragen erleichtern euch den Einstieg in eine gemeinsame Auseinandersetzung mit euren Prägungen.
Notiert erst einzeln Stichworte zu den folgenden Fragen und tauscht dann eure Ergebnisse aus.

→ Beschreibe das Bild, das deine Eltern über Sex gemalt haben, mit drei Wörtern.
→ Wie wurde in deiner Familie mit dem Thema Sexualität umgegangen?
→ Welches grundsätzliche Empfinden zum Thema Sex ist bei dir hängengeblieben?
→ Sind deine ersten sexuellen Kontakte eher positiv oder negativ verlaufen?
→ Welches grundsätzliche Empfinden zum Thema Sex ist bei dir dabei hängengeblieben?

Welche Rückschlüsse könnt ihr für eure Beziehung aus den Ergebnissen ziehen?

DEN WOLF IM KELLER ZÄHMEN

Falls ihr merkt, dass bei diesem Thema mehr verborgen liegt, als ihr allein angehen möchtet, empfehlen wir euch professionelle Hilfe. Denkt daran: Auch wenn das in manchen Familien tabu ist – es ist absolut erlaubt, sich Hilfe zu holen, und keine Schande!

Fühlt ihr euch aber sicher und möchtet ihr mit euren Ergebnissen tiefer gehen, schlagen wir euch eine Übung vor.

Vergebung ist ein wichtiger Schritt, um Frieden mit der eigenen Biografie zu schließen. Das Thema ist heftig und muss gut bedacht werden. Andererseits können wir auch den höchsten Berg Schritt für Schritt erobern.

Auf diesem Weg sollten wir Vergebung und Versöhnung unterscheiden. Vergeben bedeutet nicht, dass ihr Kontakt suchen und eine Beziehung neu aufnehmen müsst. Vergeben bedeutet vielmehr, Menschen oder Ereignisse loszulassen und ihnen damit das Recht zu nehmen, uns zu bestimmen. Vergeben wir nicht (und lassen nicht los), steuert uns die Vergangenheit weiterhin und wir sind nicht frei.

Möchtest du dir selbst oder Menschen, die deine sexuelle Entwicklung negativ beeinflusst haben, Vergebung zusprechen? Oft steht dahinter ein innerer Prozess, der mit unserem Willen beginnt und mit dem Herzen endet. Deswegen kann es helfen, das Zusprechen von Vergebung zu wiederholen.

Falls du Beistand wünschst, bitte einen Vertrauensmenschen oder den Partner, die folgenden Schritte mit dir zu gehen.

→ Schreibe eine Liste mit Situationen, Ereignissen oder Gedanken, die das Reifen deiner sexuellen Identität negativ beeinflusst haben.
→ Nimm dir Punkte einzeln vor und beginne damit, Vergebung auszusprechen. Dies kannst du laut oder schriftlich machen. Danach setzt du hinter diesen Punkt auf der Liste einen Haken.

Es kann sein, dass es dir anfangs sehr schwerfällt, weil dein Herz deinen Worten nicht folgt. Lass dich davon nicht abbringen. Gehe die Liste im Abstand von ein paar Tagen wieder und wieder durch und setze erneut einen Haken. Manche

Verletzungen haben tiefe Wunden hinterlassen. Mit der Zeit wird es dir leichter fallen, Vergebung auszusprechen, bis du schließlich merkst, dass du nicht mehr vergeben musst.

ROMANTIK! WIE KONNTE DAS PASSIEREN?

Wir haben ein klares Bild davon, was Liebe und Partnerschaft bedeuten sollen. Doch unsere Annahmen zu dem Thema sind kulturgeschichtlich gesehen recht jung. Wie haben sie sich entwickelt? Schauen wir zurück, ist es vornehmlich die Epoche der Romantik (ca. 1795–1835), die unser heutiges Verständnis formt. Während Partnerschaft zuvor vorrangig auf pragmatische Aspekte wie soziale oder wirtschaftliche Stabilität reduziert war, wurde sie hier als emotionale, märchenhafte oder mystische Verbindung zwischen zwei Menschen hochstilisiert. Die Bedeutung von Gefühlen, Leidenschaft und Individualität wanderten ebenso, wie persönliches Glück und emotionales Wohlbefinden in den Vordergrund.

In unserer Zeit wird diese überhöhte Sehnsucht nach einer perfekten und heilen Welt von den Medien und allen voran Hollywood fortwährend genährt. Unser heutiges Verständnis von Partnerschaft ist demnach problematisch, denn es wird medial konstruiert oder zumindest verstärkt und lebt von unrealistischen und überhöhten Erwartungen. Können wir ausbrechen? Und wenn, wohin?

Romantische Illusionen zu überwinden, ist ein wichtiger Meilenstein beim Aufbau einer regenerativen und langfristigen Beziehung. Es ergibt Sinn, solche Vorstellungen zu identifizieren, zu hinterfragen und wo nötig durch alternative und praxistaugliche Sichtweisen zu ersetzen.

Schauen wir einige Ausdrucksformen romantisch überhöhter Annahmen genauer an, die uns heute begleiten.

Kim: Ich denke erst mal an den Ausdruck Seelenverwandtschaft. Dies ist die – illusorische – Hoffnung, dass es einen oder eine Anzahl uns mystisch verbundener Personen gibt, die wir „instinktiv“ erkennen. Mit diesen Personen wird die Liebe besonders sein und kein Ende finden. Der Gedanke, jemanden so Besonderen zu finden, klingt wunderbar, ist aber hohl. Seelenvertrautheit empfinden wir meist, wenn jemand zum gleichen Zeitpunkt wie wir ähnliche Emotionen hegt, durch ähnliche Prozesse geht oder ähnliche Entscheidungen fällt. Vielleicht ist dies ein Trauerprozess, eine Ausbildung oder auch ein intensives Hobby. Wir fühlen uns gesehen, ohne Worte verstanden und erleichtert, der vorher empfundenen Isolation entkommen zu sein. Ja, es gibt solche Momente und Begegnungen. Doch ob diese Person in sechs Monaten immer noch uns analoge Momente erlebt, ist vollkommen offen – und eher unwahrscheinlich.

Kristian: Auch der Gedanke, dass fantastischer Sex den Höhepunkt der gemeinsamen Liebe darstellt oder die Illusion, dass in einer tollen Beziehung jede Menge Zeit und Energie dafür vorhanden ist, zähle ich zu den romantischen Mythen. Romantischer Sex ist eine tolle Vorstellung. Doch vorher müssen die Kinder ins Bett gebracht, die Wäsche gefaltet, die Einkaufsliste geschrieben, noch mal die Kinder ins Bett gebracht, die To-do-Liste für morgen geschrieben und das Frühstück und die Schulranzen vorbereitet werden. Wer danach noch zu sexuellen Heldentaten bereit ist, muss schon gut im Training sein! Möchte man im Familienalltag regelmäßig Sex haben, ist Pragmatismus angesagt.

Kim: Fassadenputz gehört für mich auch dazu. Denn im romantischen Denken ist der Mensch kompetent, rein, unproblematisch und heil. Sich immer wieder spontan zu verlieben oder zu vergucken, ist eine Variation davon. Wir sehen jemanden im Supermarkt, im Bus oder online und sind geblendet: Was für ein Mensch! Wie hübsch, wie drahtig, wie aufrecht – wow! Doch wir sehen nur, was wir sehen wollen. Diese Person ist kein Engel, sondern ein Mensch mit Schweißgeruch und Pups. Lernen wir ihn näher kennen, wird er uns genauso herausfordern, nerven und stressen wie alle anderen (oder unser jetziger Partner).

Lange habe ich versucht, Kristian gegenüber so „einwandfrei“ aufzutreten und dieses Bild von mir aufrechtzuerhalten. Doch kein Mensch ist so! Wir sind alle auf unterschiedliche Art gestört und kaputt. Für Kristian ist es manchmal nicht leicht, mit mir zu leben – und umgekehrt auch. So ist das Leben! Heute denke ich, alle Paare sollten zum Einstieg in die Beziehung einen gläsernen Moment haben und einander fragen: „Sag ehrlich, auf welche Art bist du durchgeknallt?“ Haben wir uns über diese Dinge ausgetauscht, wissen wir, worauf wir uns einlassen. Es ist gut, die Karten offenzulegen, bevor wir unseren Partner verletzen. Unsere Defekte offenlegen heißt übrigens nicht, dass wir sie nun genüsslich zelebrieren und nicht mehr angehen müssen. Es gibt keine Rechtfertigung, nicht das Beste zu geben und ins eigene Heilwerden zu investieren. Das klingt nicht sehr romantisch – aber schafft ein solides Fundament.

Kristian: Auch unser hohes Bedürfnis nach ungefilterter Ehrlichkeit gehört dazu. Für Romantiker ist das Pflicht! Doch Zurückhaltung ist angesagt! Ein Bekannter wurde in einem Paarworkshop aufgefordert, authentisch und rückhaltlos ehrlich zu seiner Partnerin sein. Er sagte ihr, sie sei dick und würde ihn nicht mehr stimulieren. Ja, ihr tippt richtig – die nächsten Monate durfte er mit der Couch schmusen. Authentizität und Ehrlichkeit haben einen Ort und eine Zeit. Doch sollte unsere Meinung stets an der Leine der Liebe geführt werden. Ehrlichkeit ist kein Ziel, sondern eher ein Weg. Die Frage ist, wo unsere Ehrlichkeit die Partnerschaft hinführen soll.

Kim: Ich würde noch den Wunsch ergänzen, vom Partner intuitiv verstanden zu werden. Früher habe ich von Kristian sehr die Fähigkeit des Gedankenlesens erwartet. Sonst läuft etwas schief – denn Liebende verstehen sich doch ohne Worte. Oder? Ich wollte nicht nur ohne Worte verstanden werden, sondern auch von den Haarspitzen bis zu den Fußsohlen angenommen und geliebt sein. Kritik oder Verbesserungsvorschläge waren weder gewollt noch erschienen sie mir angebracht oder nötig. Wir würden uns ergänzen und alles würde sich von allein zum Guten fügen. Mit Entsetzen merkte ich dann, dass Kristian genau auf der anderen Seite des Ufers stand. Er wollte immerfort an Themen arbeiten und unsere Beziehung aktiv verbessern. Unangenehm! Über Probleme wollte ich nicht reden und wusste auch nicht, wie das geht. Doch er hatte recht! Ohne Kommunikation bleibt Liebe ein nebliges Gefühl. Auch wenn mich das immer noch schaudern lässt: Gewissermaßen ist Partnerschaft ein Bund gegenseitiger Unterweisung. Wir weisen uns auch auf Mängel hin – weil wir uns lieben und an eine gute gemeinsame Zukunft glauben.

Wir können festhalten, dass die Prägung der Romantik uns Erwartungen hegen lässt, die zur Täuschung führen. Obwohl wir selbstverständlich das Maximum in Sachen Miteinander erleben möchten, schadet es uns, die perfekte Liebe zu idealisieren, die in der Realität immer nur für eine kurze Zeit existiert. Gemeinsam können wir unsere romantischen Vorstellungen benennen und kritisch hinterfragen, um eine realistischere und praktikablere Sichtweise auf unsere Partnerschaft zu entwickeln. Dies bedeutet, auch über Peinliches offen zu kommunizieren, humorvoll und wohlwollend zu reagieren, Kompromisse einzugehen und nicht aufzuhören, trotz unserer beider Unvollkommenheiten das gemeinsame Abenteuer zu feiern.

WIE MACHT IHR DAS?

- → Könnt ihr romantische Illusionen bei euch entdecken?
- → Was empfindet ihr am Thema Romantik positiv und stärkend?
- → Was für romantische Gedanken wollt ihr behalten und für welche wollt ihr alternative Sichtweisen zu kultivieren? Welche konkreten Schritte möchtet ihr dafür gehen?

UNTREU

UNTREU – UND WAS JETZT?

Im letzten Teil unseres Buchs besprechen wir ein Thema, das oft auch das letzte Kapitel einer Partnerschaft begleitet: Untreue. Über diesen Bereich reden wir nur ungern. Das Thema macht uns Angst, ist schambehaftet und hinterlässt uns ratlos. Wir hoffen, so etwas in unserer Partnerschaft niemals zu erleben oder verschweigen, was schon geschehen ist. Wir sprechen also meist erst über Untreue, wenn es unvermeidbar wird – das ist falsch! Wir möchten das Thema jetzt offensiv besprechen. Nicht nur für diejenigen von euch, die betroffen sind, sondern vor allem für alle, die sich impfen lassen möchten, bevor es für sie akut wird.

Beim Fremdgehen denken wir mehrheitlich an eine Affäre mit sexuellen Handlungen. Doch Untreue ist ein Prozess, der mikroskopisch beginnt und durch eine Reihe von Eskalationsstufen geht. Diese Stufen schauen wir an. Außerdem besprechen wir, welche Gründe uns antreiben, uns anderweitig umzuschauen. Zuletzt beschreiben wir, wie ein Prozess der Vertrauenswiederherstellung aussehen kann.

Starten wir mit einem Definitionsversuch: Mit partnerschaftlicher Untreue meinen wir das Brechen oder Hintergehen einer gemeinsam getroffenen Absprache oder eines Bundes. Sowas kann gedanklich, emotional oder auch faktisch geschehen. Messen wir mit feinem Raster, beginnt Untreue auf der Ebene sanfter Fantasie oder handfester Gedanken, etwa durch Pornografiekonsum. Daraufhin folgen Abchecken und Flirten, gesteigert noch durch emotionales Anbinden und körperlichen Austausch.

Was Untreue in einer Partnerschaft bedeutet und wo sie beginnt, ist individuell zu betrachten. Die Partner bestimmen gemeinsam und souverän, wie sie ihren Bund definieren. Stellen wir uns vor, beide entscheiden sich für eine offene Beziehung und sind darin ehrlich. Im Sinne ihrer eigenen Definition wären sie sich treu. Solche Fälle, also Paare, die sich faktische oder gedankliche Seitensprünge oder Pornografie erlauben, gibt es in vielen Variationen. Beide Partner sollten klar darüber sprechen, welchen Standard sie wünschen und welche Treueerwartung sie aneinander haben.

Gesellschaftlich gilt Untreue als eine männerdominierte Angelegenheit. Wir denken, Männer haben hohen Sexdruck, den sie gelegentlich auch außerhalb der eigenen Partnerschaft ausleben müssen. Dieses Bild hängt schief. Die Gründe für einen Seitensprung sind weitaus kniffliger und beide Geschlechter gleichermaßen gefährdet. Darüber sprechen wir jetzt.

EINFALLSTORE DER UNTREUE

Zur Aufarbeitung und Vermeidung von Untreue müssen wir sie verstehen – warum tun wir das? Statistisch erkennen wir, dass Frauen eher aus Einsamkeit und Männer eher aus Langeweile Affären starten. Beide treibt weniger die Suche nach Sex, sondern die Sehnsucht, sich besonders, gewollt und wichtig zu fühlen.

Als Einfallstore für eine Affäre gelten emotionale Bedürftigkeit und zeitgleiche Gelegenheit. Emotionale Bedürftigkeit entsteht durch die Unfähigkeit, Enttäuschungen, Schmerz oder Überforderungen einzuordnen. Dies können Ereignisse wie ein Umzug, Erwerbslosigkeit, Jobwechsel, ein Neugeborenes, ein Trauerprozess, finanzielle Probleme oder Krankheit sein.

In den meisten Fällen entsteht emotionale Bedürftigkeit in einer Beziehung schleichend. Wie in einem Supermarkt, wo beständig eingekauft wird, aber keine Waren nachgelegt werden. Die Anziehung, deretwegen wir in die Beziehung gestartet sind, ist irgendwann ausverkauft. Das Miteinander ist langweilig – vielleicht, weil die Partner bereits emotional ausgestiegen sind, oder die Stimmung niederdrückend ist. Der Gedanke ans Heimkommen wird zur Belastung. Statt Erholung und Stärkung werden wir hier lediglich daran erinnert, wie einsam wir sind. Eine solche Entwicklung kann sich über Monate oder Jahre unsichtbar und überdeckt von Scham anbahnen. Deswegen kommt ein Seitensprung auch für enge Freunde oft überraschend.

Eine Lebensphase, in der wir besonders offen für Affären sind, ist die Lebensmitte. Wir erleben den Verlust von körperlicher und emotionaler Energie, Tod einer alten Identität und Geburt einer neuen. Trauer über verpasste Chancen begleitet den Prozess. Gleichzeitig fordern uns heranwachsende Kinder, wir verbringen viel Zeit mit Erwerbsarbeit und übernehmen die allmählich nötig werdende Pflege unserer Eltern. Wir haben wenig Zeit für Träume und erleben eine innere Sinnkrise. Dieses Sammelsurium an Stressoren erdrückt uns. Eine Affäre kann uns vorgaukeln, die Unbeschwertheit unserer Jugend wieder aufleben zu lassen. Dies gilt besonders, wenn wir mit dem Thema Sterben und Altern konfrontiert werden. Eine Affäre vermittelt den Reiz des Neuen, fühlt sich lebendig und frisch an – wie ein Gegenmittel zum Tod.

In besonderen Fällen kann uns auch der Wunsch antreiben, verlorene Teile unseres Ichs zurückzuerobern. Es können Dinge sein, die wir im ersten Lebensdrittel nie einfordern durften, weil von uns erwartet wurde, kontrolliert, leise, brav, ernsthaft, vorbildlich ... zu sein. In so einem Fall wenden wir uns in einer Affäre nicht unbedingt von unserem Partner ab, sondern von der Person, zu der wir geworden sind. Wir suchen nicht nach einem neuen Partner, sondern nach einem neuen Ich.

Kim: Der Gedanke ist etwas kompliziert, doch ich würde sagen, dass diese Suche nach der echten Kim bei meinem Seitensprung auch eine Rolle gespielt hat. Der Gedanke, auch mal über die Grenze zu schreiten, schien verlockend – allerdings nur für die ersten fünf Minuten.

Unsere Fremdsuche steht also für etwas, das wir bei unserem Partner nicht mehr finden. Neue Horizonte, intime Verbundenheit, sexuelle Intensität oder das Gefühl, lebendig und gewollt zu sein. Jetzt brauchen wir nur den „richtigen" Menschen zur falschen Zeit am falschen Ort zu treffen. Und beides findet sich – wenn wir suchen, überall: am Arbeitsplatz, in Cafés, beim Sport, in der Kirche. Emotional geschwächt, kann diese außenstehende, attraktive Person wie ein Erlöser auf die nagende Situation anmuten.

Ebenso wie emotionale Bereitschaft und zeitgleiche Gelegenheit einer Affäre vorausgehen, gibt es auf dem Weg ins Unheil zwei weitere Kandidaten, die den in uns aufkeimenden Konflikt zwischen Werten und Verhalten narkotisieren. Ihre Namen sind Rationalisierung und Verleugnung.

Rationalisierungen sind Selbstlügen, die ermöglichen, mit inakzeptablen Gedanken, Gefühlen und Verhaltensweisen klarzukommen. **Verleugnung** ist die aktive Weigerung, unsere falschen Gedanken, Gefühle und Verhaltensweisen anzuerkennen. Unsere Folgerungen scheinen für Außenstehende verrückt, für uns aber sinnvoll:

„Gott hat mir diese Person geschickt, um mich zu trösten, denn er weiß, wie traurig ich in meiner Ehe bin."

„Ich fühle mich so lebendig mit dieser Person – daran kann doch nichts Schlimmes sein."

„Es ist nur ein kleiner Flirt, bei dem nichts Körperliches geschieht."

Beide Mechanismen werden durch die Bedürftigkeit und den Hunger unserer Seele gestützt. Die sich anbahnende Affäre vermittelt Lebendigkeit und Zuversicht. Uns davon abzuwenden, bedeutet erneute Hoffnungslosigkeit – und dies scheint noch schrecklicher als die möglichen negativen Folgen der Liebschaft. Es gilt der Spruch: „(...) wer hungrig ist, dem ist alles Bittere süß."[23]

Ein solches Nicht-Wahrhaben-Wollen kennen wir alle aus unterschiedlichen Bereichen: Wir ernähren uns ungesund, suchen Rausch, tun Absurdes und Schädliches als Wegzehrung für unsere hungrige Seele und um emotionale Leere zu füllen.

Was uns in außerpartnerschaftliche Beziehungen treibt, ist demnach weniger die Sehnsucht nach Sex, sondern nach emotionaler Rettung. Eine Frau kommentierte das so: „Es ist nicht der Sex. Es ist das Gefühl, dass er sich wirklich um mich kümmert. Er gibt mir das Gefühl, wertgeschätzt zu sein. Ich fühle mich nie einsam, wenn wir zusammen sind."

ZWÖLF STOCKWERKE DER UNTREUE

Bedürftigkeit und Gelegenheit bereiten also der Untreue den Boden. Bevor wir über die unterschiedlichen Stufen reden, wollen wir eine Unterscheidung zwischen Seitensprüngen und Affären machen. Ein Seitensprung geschieht eher ungeplant und spontan, unter Einfluss von Alkohol oder in einem Moment persönlicher Eskalation. Abgesehen davon, dass es auch Partner gibt, die Seitensprünge als regelmäßigen Notausgang benutzen, handelt es sich unserer Definition nach um eine einmalige und hauptsächlich körperliche Erfahrung.

Eine Affäre hat hingegen einen hohen emotionalen Anteil und bahnt sich durch eskalierende Schritte an. Diese können sich über einen längeren Zeitraum vollziehen oder auch schnell durchlaufen werden. Je intensiver die Verbundenheit der Affäre wird, desto mehr nimmt die Verbundenheit zum eigentlichen Partner ab. Diesen Prozess stellen wir euch jetzt in 12 Stufen dar.[24]

Stufe 1: Am Anfang steht die allgemeine Bereitschaft. Sie entsteht, wenn Bedürfnisse langfristig übersehen werden. Sei es Ermutigung, Wertschätzung, Kommunikation, sexuelle Intimität, Respekt, Liebe, Freundschaft oder spirituelle Verbindung. Übersehen werden können unsere Bedürfnisse vom Partner, aber auch von uns selbst – durch einen Mangel an Selbstliebe, denn jedes innere Bedürfnis müssen wir uns zunächst auch selbst erfüllen. Was ich mir nicht zu geben bereit bin, kann ich vom Partner schwer empfangen. Ungestillte Bedürfnisse verursachen einen inneren Hunger. Wird dieser Hunger ignoriert, suchen wir nach alternativen Quellen.

Stufe 2: Bereitschaft verursacht ein aufmerksames Begutachten der Möglichkeiten. Wir erleben etwa ein wachsendes Bewusstsein für eine Person in unserem Umfeld. Das kann ein Kollege sein, ein Verwandter, jemand aus der Kirche oder sogar ein Freund des Partners. Angefangen mit gelegentlichen unschuldigen Gedanken, können sich daraus Tagträume oder konkrete Fantasien entwickeln, bis dahin, dass die Person den ganzen Tag über gedanklich anwesend ist. An dieser Stelle rationalisieren wir üblicherweise, dass Fantasien niemandem schaden und jeder Mensch das tut.

Stufe 3: Wir initiieren jetzt unschuldige Treffen, erleben minimale Flirts, freundlichen Augenkontakt, einladende Körpersprache und kleine Berührungen. Der Umgang fühlt sich positiv an, dennoch leugnen wir innerlich ein wirkliches Interesse.

Stufe 4: Es folgen absichtsvolle Begegnungen. Wir bleiben zehn Minuten länger auf der Arbeit, um den anderen auf dem Parkplatz zu treffen, versuchen zur gleichen Zeit das Fitnessstudio zu besuchen oder einkaufen zu gehen. Die Affäre gewinnt hier an Dynamik. Die andere Person vermittelt uns nicht nur in unserer Fantasie, sondern jetzt real das vermisste Gefühl, lebendig zu sein. Aufmerksamkeiten, die unserem Partner zufließen sollten, investieren wir jetzt hier.

Stufe 5: Jetzt wird gezielt Zeit miteinander verbracht, auch öffentlich. Dies kann auch als Teil einer größeren Gruppe geschehen. Wir sprechen über alltägliche Themen wie Politik, Sport und persönliche Interessen, finden gemeinsame

Inhalte, übereinstimmende Werte oder Weltbilder. Rationalisierung und Verleugnung laufen auf Hochtouren. Was wir erleben, bezeichnen wir als normalen sozialen Umgang unter Erwachsenen.

Stufe 6: Nun werden wir privater. Gemeinsame Autofahrten, Museumsbesuche, Treffen nach dem Sport. Die Anziehungskraft des Zusammenseins steigert sich. Die Gespräche verlagern sich auf persönlichere Themen, die eigentlich engen Freunden oder dem Partner vorbehalten sind: Probleme in der eigenen Ehe, Gefühle, Hoffnungen und Zukunftsträume.

Stufe 7: Die Treffen werden häufiger und konkret geplant. Die Anlässe sind jedoch bislang nicht romantisch, sondern eher rational nachvollziehbar: gemeinsames Essen, Hilfe bei einem Projekt oder sogar die Bitte um Rat oder Trost für den Frust zu Hause. An dieser Stelle findet eine entscheidende Verlagerung statt: Jemand anders als unser Partner beginnt, unsere tief liegenden persönlichen und legitimen Bedürfnisse zu erfüllen.

Stufe 8: Darauf folgt romantisches Miteinander. Das Zusammensein wird intensiv und vermittelt ein Gefühl von Abenteuer und innerer Erfüllung, das ursprünglich mit dem eigenen Partner erlebt wurde und nun mit jemand anderem wiederentdeckt wird. Ab hier durchlaufen wir die letzten vier Eskalationsstufen meist schnell.

Stufe 9: Zunächst aktiver Austausch von Zärtlichkeiten, Berührungen oder auch spielerischen Liebkosungen.

Stufe 10: Danach leidenschaftlichere und tiefergehende Berührungen.

Stufe 11: Dann definitive sexuelle Handlungen und Geschlechtsverkehr.

Stufe 12: Oftmals folgt unsere Akzeptanz der Untreue und das persönliche Eingeständnis, dass wir eine Affäre haben, erst ganz zuletzt. Auf dieser Stufe ist unsere emotionale Beteiligung an der Affäre am höchsten und die emotionale Beteiligung an der eigentlichen Beziehung am niedrigsten.

Die von uns vorgestellten Stufen können auch anders oder gleichzeitig durchlaufen werden. Sie zu verstehen, hilft uns, Warnsignale zu deuten und Verantwortung wahrzunehmen. Denn manchmal sind wir uns selbst unklar, ob wir eine legitime Freundschaft pflegen oder Teil einer emotionalen Affäre sind. Ein paar einfache Fragen können bei einer Klärung helfen:

- → Weiß dein Freund/deine Freundin Dinge über dich, die dein Partner/deine Partnerin nicht weiß?
- → Besprichst du mit ihm/ihr ohne Absprache intime Details deiner Partnerschaft?
- → Wäre dein(e) Partner/Partnerin einverstanden, wenn er/sie eure Treffen auf Video sehen würde?
- → Würdest du dich gegenüber deinem Freund/deiner Freundin genauso benehmen, wenn dein Partner/deine Partnerin anwesend wäre?

DER WEG DER VERSÖHNUNG

Untreue hat es immer schon gegeben. In früheren Zeiten brachte sie vorwiegend ökonomische Unsicherheit mit sich. Besonders Frauen waren auf ihren Partner als Versorger angewiesen. Eine Affäre (egal, von wem initiiert) stellte dies infrage. Heute, im Zeitalter der Romantik, verunsichert uns Untreue vor allem emotional. Wir haben hohe Erwartungen an den Partner und die Beziehung. Bestenfalls soll er alles für uns sein: toller Freund, treuer Gefährte, einfühlsamer Liebhaber und Erfüller unserer tiefsten Bedürfnisse. Das würde unsere Welt perfekt machen, wir müssten nicht woanders suchen und wären erlöst vom Fremdbegehren.

Ein Seitensprung zerschmettert unser Bild von Liebe und stellt unser Lebenskonzept infrage. Wenn so etwas möglich ist – wie können wir je wieder vertrauen, je wieder lieben?

Kristian: In den Tagen unserer großen Krise waren das die Fragen, die mich bewegten. Wenn Verletzung so tief gehen kann – möchte ich dann je wieder lieben? Mich Kim wieder anvertrauen? Ich bin zum Schluss gekommen, dass Liebe und Vertrauen alternativlos sind. Ein Leben ohne diese beiden ist für mich nicht vorstellbar. Deswegen war meine Antwort Ja und ist es heute noch mehr. Denn Kim und ich wissen aus eigener Erfahrung, dass ein Treuebruch nicht das Ende, sondern ein neuer und besserer Anfang sein kann.

Unser Heilungsweg fing damals mit zwei Fragen an: Wollen wir uns versöhnen und wenn ja, was muss dafür geschehen?

Kim: Ich erinnere mich noch, wie ich Kristian meine Affäre bekannte. Mein Ziel war damals nicht, die Beziehung mit ihm zu beenden. Ich wollte einfach etwas Spaß haben und das Gefühl genießen, verliebt zu sein. Als die Sache aus dem Ruder lief, wollte ich das schnell wieder beenden, doch fand mich in einer Zwickmühle: Ich wollte raus aus der Affäre, zurück zu meinem Mann, aber hatte furchtbare Angst, dass er mich wegstoßen würde. Eines Abends brach ich einfach zusammen und fing an, unkontrolliert zu weinen. Kristian war ganz lieb und versuchte, mich zu beruhigen. Das machte alles noch schlimmer. Schließlich brachte ich die Worte raus: Ich habe mich verliebt.

Kristian: Als Kim mir das gestand, war ich schockiert. Ich erinnere mich, wie das Zimmer sich vor meinen Augen bewegte und ich mich auf den Boden setzen musste. Wir haben dann beide lange geweint. Es war seltsam, ich spürte meine aber auch Kims Schmerzen, wollte sie halten und trösten und gleichzeitig fortjagen. Irgendwann habe ich dann gefragt: Wie soll es weitergehen? Möchtest du noch? Sie fiel mir einfach in die Arme – das war Antwort genug. Die nächsten Tage erlebte ich wie auf Drogen und immer wieder wurde mir schwindelig. Wir fühlten uns wie Schiffbrüchige, die orientierungslos auf Bruchstücken ihrer Hoffnung auf dem Ozean treiben. Schließlich vertrauten wir uns einem befreundeten Paar aus den USA an. Die beiden luden uns spontan ein, einen Monat bei ihnen zu leben. Es war unglaublich – sie waren das Rettungsschiff. Unsere Freunde sammelten in ihrer Gemeinde für unsere Flüge und ein intensives Partnerschaftscoaching. Wir wissen bis heute nicht, wer damals etwa 5000 US-Dollar in unsere Ehe investiert hat – aber danke an dieser Stelle!

Jeder Treuebruch hat eine eigene Geschichte und erfordert besondere Medizin. Egal, wie der Prozess ausschaut, steht eine Frage immer am Anfang: Wollen wir gemeinsam weiter? Sagen beide ja, kann jeder Verrat geheilt und jede Krise zu einem Neuanfang führen. Damit die Unordnung zu neuen Perspektiven und einer gesünderen Ordnung führt, sind drei Punkte wichtig:

1. Anzuerkennen, dass ein Mangel vorhanden war.
2. Diesen Mangel konkret und produktiv zu benennen.
3. Strategien zu erarbeiten, um Vertrauen zu erneuern und den Mangel zu stillen.

In diesem Prozess werden wir nicht darum herumkommen, enthüllende und schmerzhafte Fragen zu stellen. Nur so können Unrecht, Schuld und Reue benannt werden und die betrogene Person ihr Selbstwertgefühl wieder erlangen. Dies ist dringend nötig – denn es wurde ihr geraubt.

Kristian: In den folgenden zwölf Monaten hatte ich oft den Impuls, mit Kim über die entstandenen Schmerzen zu sprechen. Über ihren Schmerz, der in die Affäre geführt hatte, und über meinen, der daraus entstanden war. Ich bat sie immer wieder, mir ihre Version der Geschichte zu erzählen, und fragte: Was hat er dir bedeutet? Was hat er dir gegeben, was du bei mir vermisst hast? Wie hat es sich angefühlt, als Betrügerin neben mir im Bett zu liegen? Bist du froh, dass es vorbei ist? Was empfindest du, wenn du jetzt an ihn denkst? Oft musste Kim weinen, wenn wir miteinander sprachen, doch nur so konnte ich die Dramaturgie und den Ablauf der Tragödie nachvollziehen, annehmen und schließlich an einem guten Ort in mir ablegen.

Schauen wir in unser Umfeld, haben etliche eine solche Geschichte erlebt. Nur in wenigen Fällen sind beide Partner zu einer tiefen Aufarbeitung bereit. Unvergebenheit, Scham oder auch einfach vorgeschobener Zeitmangel stehen im Weg. Fragt man nach, sind Teile der Beziehung erloschen oder befinden sich in einer unendlichen Warteschleife. Oft sind Intimität, Sex, Zukunftsträume und Vertrauen betroffen. Ein eher geschwisterliches Miteinander bleibt zurück.

Wir glauben, die Integration von solchen Vertrauensbrüchen ist der einzige Weg zurück zum erfüllten Miteinander. Vergessen gibt es nicht – nur Verdrängen. Und Verdrängen hat einen Preis, den wir an anderer Stelle zahlen.

Eine Affäre bedeutet ein Ende:
Eure erste Partnerschaft ist zerbrochen. Möchtet ihr eine neue Partnerschaft starten? Das ist immer möglich! Was müsste dafür geschehen?

WIE MACHT IHR DAS?

Die Tendenz zu Affären und Seitensprüngen wird nicht entschärft, indem wir das Thema verschweigen, sondern indem wir gemeinsam ins Licht treten. Wie ihr schon gelesen habt, wissen wir aus eigener Erfahrung, wovon wir sprechen.

Obwohl dieses Thema heikel ist und Sprengstoff enthält, laden wir euch ein, in einem passenden Rahmen Klarheit in die Sache zu bringen. Diese Fragen können euch helfen:

→ Auf welchen Stufen habt ihr euch schon befunden und was ist geschehen?
→ Welcher Mangel hat der Situation den Weg bereitet?
→ Wie sieht es heute mit dem Bereich des Mangels aus? Konnte er behoben werden? Was müsste dafür geschehen?
→ Muss ein Prozess der Vergebung und Versöhnung geschehen? Wo steht ihr darin und wie könnten weitere Schritte aussehen?

HERZLICHEN

GLÜCKWUNSCH

HERZLICHEN GLÜCKWUNSCH!

Liebe Leser – wir feiern euch!

Ihr seid Helden, denn ihr habt dieses Buch bezwungen – und das war nicht ohne!

Speziell mit den Umsetzungen („Wie macht ihr das?“) haben wir euch einiges abverlangt und vermutlich konntet ihr nur einen Teil davon zu eurer Zufriedenheit bewältigen. Das ist okay! Unterschiedliche Phasen gehen mit unterschiedlichen Themen einher – und ihr habt bearbeitet, was euch jetzt hilft. Kommt ihr in den nächsten Monaten an ein neues Beziehungsthema, könnt ihr andere Übungen wählen, die euch dann weiterbringen.

Während wir dieses Buch schreiben, fällt uns ein Facebook-Post von Freunden auf. Mike und Char T. aus Brooklyn, New York, feiern 52 gemeinsame Jahre und jubeln in die Kamera! Wir kommentieren mit Glückwünschen und fragen nach, was sie zusammengehalten hat. Das sind ihre Worte: „Wir haben Geld gemeinsam verwaltet, einander Freiräume geschaffen, uns professionelle Hilfe gesucht, wo es nötig war, einander höher geachtet als uns selbst und zusammen Spaß gehabt.“

Wäre es nicht toll, wenn wir nach über 50 gemeinsamen Jahren auch so eine positive Bilanz ziehen würden?

Wenn wir das wollen – wer soll uns aufhalten?

Kimberley und Kristian im April 2024

WIE MACHT IHR DAS?

Lest noch einmal die Punkte unserer Freunde Mike und Char T.

→ Welche davon sprechen euch besonders an? Warum?

Schließt das Buch gemeinsam ab, schaut zurück und besprecht:

→ Welche Aussagen und Gedanken waren für euch neu?

→ Was davon hat euch bewegt und warum?

→ Welche Kursänderungen für eure Beziehung möchtet ihr umsetzen? Macht eine Liste und unterteilt sie in kurzfristige, mittelfristige, langfristige Veränderungen (3, 12, 24 Monate).

APPENDIX

APPENDIX

DIE GEISTLICHE REISE ZUSAMMEN

Viele Paare wünschen sich eine gemeinsame Spiritualität. Bei uns sprechen wir von einer geistlichen Reise. Da dieses Thema etwas herausfällt, haben wir es am Schluss eingefügt.

Wünschen wir uns eine gemeinsame geistliche Reise, müssen wir zunächst klären, was sich beide darunter vorstellen. Denn was wir suchen, ist kreative Ware – so etwas finden wir nicht im Supermarkt!

Die Erwartungen können sich unterscheiden. Für den einen heißt es, sich einer Kirchengemeinde anschließen und an deren Aktivitäten teilnehmen. Für den anderen, die Wohnung öffnen und Menschen einladen. Einer möchte sich ehrenamtlich engagieren oder Gott am Arbeitsplatz ins Spiel zu bringen, der andere die Bibel studieren oder die Schöpfung meditieren. Außerdem bringt jeder ein eigenes Gottesverständnis, Erfahrungen und Prägungen mit. Manches mischt sich gut, doch anderes können wir schwer unter einen Hut bringen. Und wer hat dann recht?

Manchmal dauert es Jahre, bis etwas entsteht, das beiden entspricht. Auf der Suche müssen wir uns mit Zwischenlösungen begnügen. Wichtig ist, aufeinander einzugehen und sich nicht entmutigen zu lassen. Denn die gemeinsame Suche ist wertvoll und Teil dessen, was wir finden möchten. Partnerschaft ist, wie wir anfangs erwähnt haben, ein Prozess, bei dem zwei Individuen eins werden, indem sie sich fortwährend füreinander öffnen und aneinander verschenken. Die gemeinsame geistliche Reise ist aus diesem Stoff gewebt.

Der Wunsch, zusammen zu beten, stellt bei vielen Partnerschaften ein großes Kuchenstück des Glaubens dar.
Kim: Bei uns war schnell klar, dass wir Gott täglich gemeinsam suchen. Das fand ich toll! Doch von Kristians Art, Gott zu treffen, war ich wenig angetan. Ich war gewohnt, den ganzen Tag mit Jesus zu reden. Für Kristian mussten es spezielle Momente sein. Er verdunkelte das Zimmer, machte eine Kerze an,

kniete sich hin und wollte zur Einstimmung still auf Gott warten – eine Tortur! Damals hat mich das unglaublich genervt. Warum auf Gott warten? In meiner Erfahrung war er immer da und wartete eher auf mich. Und warum eine künstliche Atmosphäre durch Abdunkelung und Stille schaffen? Jesus war der Gott des Alltags. Ich traf ihn beim Schlendern, Putzen, Shoppen, im Café oder Sport, allein oder mit anderen – im Grunde immer. Obwohl mich Kristians Vorstellungen abschreckten, habe ich die ersten Jahre einfach mitgemacht. Doch offen gesagt, war ich jedes Mal froh, wenn wir mit dem Theater durch waren.

Kristian: Ich erinnere mich gut an diese Zeit. Ich bin eher ein Mystiker und liebe es, mit Gott zu schweigen oder gemeinsam einen Baum zu betrachten. Dieser Weg ist nicht für jeden. Doch damals hatte ich zusätzlich einen religiösen Einschlag und habe Kim mit meinem Stil überfahren. Heute weiß ich, dass es genauso viele Wege gibt, Gott zu treffen wie Menschen.

Es kam zur Wendung, als sie ihren Frust offen formulierte: „Wieso sollen wir immer auf Gott warten? Das ist Quatsch – er ist doch immer da!"

Ich war verblüfft. Ihre Gottesbeziehung schien natürlicher und kindlicher als meine. Ich musste mich anpassen, nicht sie. Wir machten einen Plan und überlegten, welche Gebetselemente für uns gemeinsam funktionierten. Wir fanden vier:

1. Gemeinsames Singen und Musizieren. Spaß und Dankbarkeit stehen hier im Zentrum.

2. Fürbitte. Für andere Menschen vor Gott einzutreten, gefällt uns beiden, gibt uns Kraft und geht uns leicht von der Hand. Meist geschieht das spontan.

3. Einschlafritual: Wir danken beim Einschlafen für den Tag, vertrauen Gott die Nacht an und bitten ihn, uns im Schlaf zu begegnen.

4. Fünf-Minuten-Gebet. Jeden Tag stecken wir zwischendurch fünf Minuten die Köpfe zusammen (oft beim Verabschieden und mit einem Fuß im Treppenhaus) und sprechen die wichtigsten Gedanken vor Gott aus. Die kurzen Gebetshaltestellen bringen uns auch einander näher. Wir merken, was den anderen beschäftigt und wo er emotional steht.

WIE FANGEN WIR AN?

Seid ihr auf der Suche nach einer gemeinsamen geistlichen Routine und wisst nicht, wo ihr starten sollt? Ihr seid nicht allein. Erstaunlich viele Paare erleben hier Frust oder haben bereits aufgegeben. Eine gemeinsame Spiritualität ist, wie schon angemerkt, keine Supermarktware. Sie wird durch Nachfragen, Ausprobieren und Ringen geboren.

Unser Vorschlag: Fragt nicht danach, was andere machen oder was ein „christliches Paar" tun sollte. Fragt einander stattdessen, welche geistlichen Elemente Leben, Energie und Dankbarkeit in euch auslösen.

Bildet eine Schnittmenge. Auch wenn sie klein ausfällt – hier ist der Startpunkt eurer Reise.

DIE KLASSISCHEN ANKER

Es gibt klassische geistliche Anker, wie Gottesdienste, Haustreffen, Gebet, Rituale oder regelmäßiges Bibellesen, die uns helfen, Gott zu begegnen.

Die Anker **Gemeinde** und **Gebet** schauen wir uns jetzt genauer an. Die folgenden Fragen ermöglichen euch, einen gemeinsamen Weg herauszuarbeiten.

WIE MACHT IHR DAS?

WIE KANN GEBET FÜR UNS FUNKTIONIEREN?

Notiert einzeln Stichworte zu den folgenden Fragen und tauscht euch über die Ergebnisse aus.

→ Ort: Hast du einen Lieblingsort zum Beten? Wohnzimmer, Café, Spaziergang, Sport, Autofahrt, am Telefon? Welcher Ort würde sich für euch beide anbieten?
→ Zeit: Wie lange sollte Gebet dauern? Gibt es Minimum und Maximum? Was seht ihr als Vorteile eurer Zeitangabe? Welcher Zeitrahmen würde sich für euch beide anbieten?
→ Form: Wie wollt ihr beten? Frei drauf los? Durch feste, geführte Gebete, geistliche Meditationen, singend, laut oder leise? Was ist ermutigend und passt gut für euch beide?
→ Rhythmus: Wie oft wollt ihr beten? Ergibt es Sinn, Gebet an ein regelmäßiges Ereignis wie Essen, Schlafengehen, Aufstehen zu koppeln? Welcher Rhythmus würde sich natürlicherweise gut für euch anbieten und in euren Alltag einfügen?
→ Inhalte: Warum wollt ihr beten? Was möchtet ihr mit Gott besprechen? Möchtet ihr für andere einstehen, Dankbarkeit ausdrücken, eure Fragen loswerden, Wünsche äußern? Welche Gründe könnt ihr noch finden?

Vergleicht jetzt eure Antworten und sucht Schnittmengen. Ein Mindmap kann dabei helfen.

→ Was ist für euch beide attraktiv?
→ Was ist verhandelbar?
→ Was kommt für einen von euch nicht infrage und warum?
→ Wie kommt ihr in eine Umsetzung?
→ Welche Schritte sollen folgen?

WIE KANN ES FÜR UNS FUNKTIONIEREN, TEIL EINER GEMEINDE ZU SEIN?

Gemeinde und Community sind auf der geistlichen Reise nahezu unverzichtbar. Allerdings können sie sehr unterschiedlich gelebt werden. Statt nach einer idealen Gemeinde zu suchen, können wir auch hier damit starten, die eigenen Bedarfe und die des Partners erst einmal zu verstehen. Welche Form entspricht euch als Paar oder als Familie in der aktuellen Phase? Wo habt ihr natürlicherweise Anknüpfungspunkte und wo kann eure Mitwirkung Leben bringen? Denn für unser Wohlbefinden in einer Gemeinde ist es entscheidend, sie als Beziehungshafen und Ort der Selbstwirksamkeit zu erleben.

Die folgenden Fragen ermöglichen euch, eine gemeinsame Vorstellung herauszuarbeiten. Notiert einzeln Stichworte und tauscht euch über die Ergebnisse aus.

→ Form: Welche Struktur soll „Gemeinde“ haben? Habt ihr Vorlieben oder spielt das keine Rolle? Soll sie groß, klein, divers-innovativ, konservativ-geordnet, hierarchisch oder eher agil aufgestellt sein?
→ Kultur: Welche Ziele oder Werte sollten im Fokus stehen? Was für ein Klima soll herrschen? Welcher Stil entspricht euch?
→ Empfangen: Was soll die geistliche Community euch geben? Was erwartet Ihr?
→ Mitmachen: Was möchtet ihr beisteuern? Wie sehr möchtet ihr euch investieren?

→ Beziehungen: Wo habt ihr natürlicherweise schon Bezugspersonen? Wie wichtig sind euch persönliche Beziehungen im Gegensatz zu den anderen Punkten?

Findet jetzt Schnittmengen. Ein Mindmap kann dabei helfen.
Ergänzt:
→ Was ist euch sonst noch wichtig?
→ Was ist verhandelbar?
→ Was darf nicht fehlen?
→ Wie kommt ihr in eine Umsetzung?
→ Welche Schritte sollen folgen?

DAS EXAMEN ALS PAAR

Diese uralte Gebetsform stammt von Ignatius von Loyola (*1491), dem Begründer des Jesuitenordens. Das Gebet, das unter dem Namen *Examen*[25] bekannt wurde, ermöglicht es uns, aufmerksam für Gottes Segnungen zu werden. Das Examen ist ursprünglich zur Selbstreflexion gedacht, doch die grundsätzliche Form eignet sich für Paare hervorragend, um tiefe Gespräche in Gang zu setzen. Gleichzeitig ermöglicht sie eine positive Alltagsnachbesprechung und schafft einen täglichen Verbindungspunkt.

Dazu nehmen wir uns Zeit, einander zwei Fragen zu stellen:

Was hat dir heute Leben gegeben?
Was hat dir heute Leben entzogen?[26]

Beide Fragen zielen tief, wünschen Aufmerksamkeit und eine authentische Antwort. Wir sollten sie nur stellen, wenn wir offen sind, einander zu hören, ohne zu bewerten, zu verbessern oder gar zu verurteilen. Diese Vereinbarung sollte vorher getroffen werden.

Der entstehende Austausch kann fünf Minuten oder auch viel länger dauern. Es ist nicht wichtig, die Aussagen unseres Partners zu kommentieren – ja, dies kann sogar stören. Dennoch kann sich durch die Qualität der Frage und die Bereitschaft, einander zu hören, ein ehrliches und authentisches Gespräch entwickeln.

Praktizieren wir das Examen als Paar täglich über einige Wochen, schärft es unsere Wahrnehmung, bereichert die Alltagskommunikation und öffnet den Partner wie eine Schatztruhe.

Die beiden Fragen kann man beliebig variieren.

Was hat dir heute Leben gegeben?

Was hat dich heute getröstet, ermutigt,

Was hat dich heute mit Stärke und Vitalität erfüllt, Frieden und Zufriedenheit gegeben und zum Leben Ja sagen lassen?

Was ist der Moment, für den du heute am meisten dankbar bist?

Und:

Was hat dir heute Leben entzogen?

Was hat dich heute verwüstet, entmutigt, überlastet, beraubt?
Was hat dich heute voll Furcht, Traurigkeit, Groll und Scham zurückgelassen?
Was ist der Moment, für den du heute am wenigsten dankbar bist?

Das Examen eignet sich auch zum Familiengebet. Im Familienkreis fragen wir einander: Was war der beste Teil deines Tages? Und: Was war der schlechteste Teil deines Tages? Für das Erste danken wir, für das Zweite bitten wir um Hilfe und Trost. Unsere Kinder lernen so, dass Gott ihren Alltag ernst nimmt und ihn auch die kleinsten Geschehnisse interessieren. Ist es für uns wichtig – ist es für ihn wichtig!

Noch ein Tipp: Es lohnt sich, die Ergebnisse des Examens stichwortartig festzuhalten. Betrachten wir im Laufe einiger Wochen, was uns Leben gibt und was uns Leben entzieht, können wir Rückschlüsse auf Entscheidungen für die Zukunft fällen. In der Bibel finden wir ein Jesuswort, in dem er von sich sagt, dass er „das Leben" ist.[27] Wir wollen mehr von den Dingen tun, die uns mit Leben erfüllen und die Dinge vermeiden, die uns Leben entziehen.

ANMERKUNGEN

1 Vgl. Bibel, Genesis 1,26ff.
2 Vgl. Bibel, Genesis 2,18ff.
3 Vgl. Bibel, Genesis 2,24.
4 Vgl. Bibel, Buch Genesis 2,25.
5 Vgl. Bibel, Buch Genesis 3,7ff.
6 Vgl. Bibel, Buch Genesis 3,12ff.
7 Vgl. Bibel, Genesis 3,20.
8 Namika: „Kompliziert", Album: Nador, Jive Records 2015.
9 Die häufige Übersetzung „macht sie euch untertan" birgt das Missverständnis, die Schöpfung sei der Willkür des Menschen ausgeliefert. Nach hebräischem Verständnis gehören Herrschaft und Fürsorge zusammen.
10 Vgl. Bibel, Genesis 3,3.
11 Vgl. Bibel, Genesis 1,27-28; Genesis 3,16-19.
12 Vgl. Bibel, Sprüche 29,18.
13 Diese Phasen sind auch an das Lebensalter gekoppelt. Je nachdem in welcher Lebensphase wir in eine Beziehung starten, können sie unterschiedlich intensiv oder auch teilweise gleichzeitig verlaufen. Außerdem gibt es Menschen, die diese Phase mehrfach nacheinander (mit unterschiedlichen Partnern) durchlaufen.
14 Im Kapitel „Das Feuer schüren" sprechen wir darüber, welche Räuberleitern uns bei einem gemeinsamen Aufbruch helfen.
15 Im Kapitel „Kommunikation lernen", stellen wir das von Carl Rodgers entwickelte Modell des aktiven Zuhörens vor. Falls euch das Zuhören eher schwerfällt, könnt Ihr diesen Artikel als Einstieg für die Übung wählen.
16 Mit diesem Ohr achten wir oft auf nonverbale Gesten.
17 Diese Beobachtungen werden u. a. Konrad Lorenz zugesprochen.
18 Gary Chapman. Die fünf Sprachen der Liebe. Erstauflage 1992.
19 In der Bibel wird empfohlen: „Lasst die Sonne nicht untergehen, ohne dass ihr euch vergeben habt" (Epheser 4,26). Inzwischen ist wissenschaftlich erwiesen, dass dies ein guter Rat ist, da ungelöste Konflikte sich im Schlaf negativ auf das Gehirn auswirken. Wenn man jedoch erst nach Feierabend Zeit für eine intensive Unterhaltung findet, ist es besser, in Ruhe zu reden als überstürzt noch etwas abhaken zu wollen.
20 1. Johannes 1,7. Leben wir aber im Licht, so wie Gott im Licht ist, dann haben wir Gemeinschaft miteinander.
21 Vgl. Bibel, Genesis 2,25; Genesis 3,7.
22 Sprechen wir über die Bereitschaft, Nähe zuzulassen, müssen wir auch bedenken, dass Sex von Frauen in der Regel ein stärkeres Sicheinlassen fordert, da es für sie ein invasiver Akt ist. Die genannten Faktoren sind daher für Frauen ggfs. weitaus einflussreicher als für den Mann.
23 Vgl. Bibel, Sprüche 27,7.
24 Die beschriebenen 12 Schritte sind auf Dr. Gary & Barb Rosberg (drgaryandbarb.com) zurückzuführen, aber von uns überarbeitet worden.
25 Oder auch: „Gebet der liebenden Aufmerksamkeit".
26 Iganitus spricht von Zusprüchen und Verwüstungen. Für ihn war es wichtig, Hoch und Tiefpunkte anzuerkennen und zu betrachten. Er ging davon aus, dass Gott uns in beidem begegnen möchte.
27 Johannes 14,6: Ich selbst bin der Weg und auch die Wahrheit und das Leben.